陳恩明

暴風下的信仰省思

暴風下的信仰省思

作者／陳恩明
策劃編輯／伍詠慈
美術設計／楊仲文
出版發行／突破出版社
香港沙田亞公角山路33號突破青年村
電話：2632 0000　傳真：2632 0388
電郵：breakthrough@breakthrough.org.hk
網址：http://www.breakthrough.org.hk
http://www.btproduct.com
2021年3月初版1刷

Faith under Foreboding Storm

by Youngman Chan
First Printing, First Edition, March 2021

Printed in Hong Kong
ISBN 978-988-8562-44-2

本書經文取自《新標點和合本》，版權為香港聖經公會所有，承蒙允准採用，特此鳴謝。

誠邀閣下就突破出版社的書籍發表意見

歡迎加入突破書籍 Facebook page — http://www.facebook.com/btbooks.page

本書採用環保油墨印刷

目錄

代序　禱文

仿詩篇三十九篇

天父啊！

我好躁，好嬲，幾乎爆粗！睇住荒謬橫蠻嘅事日日新鮮，壓在心頭令人唞唔到氣，欲哭無淚。

原本守護人嘅，變成欺壓嘅工具；真正捍衛弱勢社羣嘅，已經變成自身難保。

我都唔知點祈禱，愈諗愈火滾！宜家連出聲同埋戴口罩都要花多啲心機，慎防出事，呢個係咩世界！

有人話鬥長命，放長雙眼，其實邊個知道自己條命有幾長吖，真係嘥氣！

主啊，宜家我無嘢好等！之前個個都等特朗普（可能宜家仲等緊），我無啊，我一直都有少少警覺性，我嘅希望喺晒你度！

你係使人有盼望嘅一位，雖然我唔明你嘅時間同手法，但係我哋清楚知道你喜歡正直、公義、良善、拯救、釋放同醫治！

因為有你，我拒絕絕望，拒絕犬儒，拒絕放棄！求你畀我將焦點放返喺你度，透過你回望世道人生，不會被黑暗遮蔽，也不會被怒火吞噬，更不會因恐懼而背叛你。

請你出手救我哋，唔好畀又蠢又邪惡嘅人繼續作威作福，羞辱我哋！

我唔係話自己啱晒，我自己都有好多唔妥，我要向你認罪，我都會嬲到無咩理性，甚至近乎自我，自高自大，以為可以替天行道。

我成日聽 KOL，都無咩聽你講嘢，我有時都分唔清是非對錯，都會偏執，求你畀我有清醒嘅心。

無論如何，請你幫我有力行完我嘅路，可以唞返啖氣，未死之前，恢復力量，眼淚一滴都無白流。

總而言之，

主啊，唯有你係我嘅希望！願你垂聽！

多謝你。

2021 年 1 月 22 日

一 暴風下

1/ 發聲與噤聲

「一羣 XXX 人就 XXX 聯署聲明」，記不起到底是從什麼時候開始的，只知道在雨傘運動前後，尤其是自此之後，相當多見。

我認為這是堂會信徒一項創意行動，為免負累堂會，或受制於堂會而作，旨在針對某項重大社會事件而發出良知的呼聲。

按記憶，自己直接發起的聲明或聯署有兩次，一次是針對拆十字架的事，一次是反對修訂《逃犯條例》。兩次的經歷不一樣。第一次發起時十分順利，向其他領袖一提出，馬上獲得支持；第二次則不一樣，受邀請的人似乎較多疑慮，原因不明，也許是自己猜測錯誤。不過兩次都有相同的觀察：在羣組預告及傳出草稿時，是沒有反對聲音的，及至正式發稿之後，即有人質疑聯署行動的方式及意義，甚至傳聞有召開會議謀求對策。

發起人是要承擔責任的，備受內部的質疑，甚至面對秋後算帳的可能，所以我們必須慎重其事，可我們並不怕事。因懼怕而噤若寒蟬，不是面對邪惡的唯一明智抉擇。發聲，雖然只有聲音，有時候是道德的責任。

在發起聯署的時候，我已預計羣體內必定會有不同的反應，這是正常而可接受的事。我所求的只是讓羣體內有意按信仰與良知發聲者有一個平台，絕對不能代表全體，也不想挾迫他人。可我們也不是無名的隱形人，我們真是「一羣 XXX 人」。

撇開意見相異而反聯署（這是值得尊重與維護的權利），反對者似乎認為我們「盜用」羣體的名義，而部分潛台詞更可能是指摘聯署者將全體拖下水去，日後會連累大家。這正是矛盾所在，也是仍待商榷處理的問題。雨傘運動的大雨沖刷着教會與社會，政治找上門的巨浪把人撞得頭暈眼花。可羣體內未有坦誠懇談，苦無出路，結果就出現了「一羣 XXX」的現象。

作為發起人，我並不強求任何人參與，但每一個參與者都叫我欣慰，也叫我壯膽。我以為每一個人都有權表示自己屬於哪一個羣體，這並非盜用與騎劫。評論者當評論聲明的原委與內容，而非站在恐懼報復的位置上予以否定。

讓我們一同反思這聯署的問題，為教會在社會中的參與尋求更適切的出路。

2019 年 6 月 2 日

2/ 願我所言蒙悅納

發聲的為何與如何同樣重要。動機與態度總會影響行動的果效。

不同羣體的登報聯署、網上聲明叫人百感交集，有點不知所措。有些聲明除刺激了八卦慾望別無好處，有些令人有未審先判的衝動，也有些引發更大的爭議，做好發聲聯署實非易事，正因為它太方便了。

從正面角度來看，對一向隱惡揚善、慣於假裝平安的羣體而言，有人起來吹哨是好事；對於弱勢民眾來說，聯署也許算是無權力者的力量吧？發聲者最希望看到的大概是得到撥亂反正及喚醒關注的結果。

但從負面角度去看，一份聲明可能帶來內部矛盾，引起紛爭；涉及政治的聲明在教會內更是如此。針對道德議題的聲明一不小心可能抹黑有關人士。

作為聯署者，我要求自己首先弄清事實的真相，不要被煽動而簽署，也不要無端捲入兩派衝突之內。其次是措辭內容須符合關注之事的嚴重性，不亢不卑，不語帶侮辱，清楚表達訴求已經足夠。其三是保持清醒頭腦，既不抱過高期望，也毋懼滅聲的壓力（發聲連累受壓者等），以真誠求善，盼望所發的良知呼聲達到人的心坎，種出善果，即或不然，總能上達主前，必蒙垂聽。

其實，聲明與聯署反映了當權者／當事人與羣眾的隔閡，那是在難以溝通的時候被迫選擇的方式，在教會內出現是頗為可悲的事。教內人士之間理當更加儘量多番交通、務求互相尊重，化解危機，毋需動輒公告天下，引發類似公審的混亂，令矛盾更加嚴重。說到底，聯署聲明性質不一：是呼籲？譴責？聲援？質詢？抗議？都宜加辨明，以免誤用。在這社媒發達、一呼百應的世代，我們需要更加努力思辯慎言，知道自己不能常踞道德高地指指點點，但願發出的，真如宣道者的禱告一樣：「我的磐石，我的救贖主啊，願我口中所言、內心所想，俱蒙悅納」！

2018 年 11 月 23 日

3 / 尋找

醒來時才三點多，惦記着青年人，心裏急着想到政總現場守護、勸導。原定的早禱會與靜坐抗議安排在早上六點半開始[1]，結果等到五時許出門，乘坐頭班巴士轉地鐵。從未嘗過在未開盡冷氣的月台用七分鐘候車，也沒想到那麼多青年人會搭早車，且多數戴口罩。

他們果然是往立法會去的。

我走過政總門口向保安問路，瞥見電梯大堂坐着警察，雙腳有防踢盔甲，心頭一凜，五年前的景象又浮現，邊走邊想着便與其他牧者會合，三位健碩的警察與負責同工協調一下，禮貌地走了。我們是取了不反對通知書的。

過了不久，早禱會講員邢福增院長就來了，不愧有心人，大清早不辭勞苦來勉勵大家尊基督為主，效法初期教會毋懼壓迫。我想那也許是最多警察聽他的一次，他們穿上防護裝備在公民廣場圍欄前，隔着鐵馬靜立着。警察把廣場與立法會以長蛇陣圍住了，象徵着社會矛盾有多嚴重。我不喜歡他們手執長棍，一副隨時出擊的姿態，幸好大都沒有惡形惡相。我對他們說早安，也有人回應。為了表達關心，我遞上糖果，當然，他們都婉拒了。一位九旬老人蹣跚地走到他們面前，指着警棍說，別打我們的青年人，顫抖的聲音令人心痛。

我繞着四周走了一圈，沿途與青年搭訕，許多已留守一夜，我問其中一人，他的家人有什麼看法，他說其實家人不甚了了。從他與同伴交談提到「SU」，我猜他們都是大學生。當走到演藝學院過路處，看到前來集會的人竟然嚴守交通燈號，令我驚訝。

就在此時，憶起雨傘清場後，自己正是在這裏離場的，歷史似乎重演，忽然悲從中來，淚如泉湧。我問自己，教會可以怎樣關心顛沛流離的青年人？有什麼話可以告訴他們？有什麼真理去引導他們？我與他們擦身而過，只能輕拍一下肩膀：保重，別受傷（意思當然是別衝、別動武）。我聽到有人輕聲喚我的名字，也更加需要深思今天的牧養與宣講到底該怎麼辦。青年的悲劇是誰的責任？出路與治療在何方？

事實上，官迫民反，現場警力又何足控制瘋起來的「暴民」？我自忖，青年們最好別衝，讓背負着十多公斤裝備的累壞就好，和平抗議等政府回應。誰可置香港於危險邊緣？一次還不夠？誰想製造香港的六四？

政總電梯旁有幾個人在絕食，樓下有青年喊叫，求人幫忙衝，又說教會祈禱唱歌常常有，今天要衝才有用，請支持！我站在旁邊，身穿牧師服，心痛，無言。又再淌淚。

他的呼籲起初反應不顯著，但慢慢的我看到了香港青年的靈活性。他們看着手機，聽着呼叫，隨時走位；推鐵馬、送索帶、雨傘、眼罩、頭盔、保鮮紙……羣眾像紅海般聚合，又如螞蟻般接力，已有好幾處遭堵塞，叫我驚訝。最難過又驚訝的是，極多妙齡少女投身在堵路工程上。人稱「暴徒」的，許多是沒有戴口罩的青春少艾。是什麼令她們敢於以真面目示人。相比之下，到底誰更「強暴」？根據所見，在場的人八、九成只有十八、九歲，甚至年紀更小的，真夠暴力的，恐怕不是他們吧？

我是牧師，有事找我

我從政總沿夏慤道天橋往中環走去，重溫雨傘運動的情景，想着為政者的不仁，我認為政治問題若不以政治解決，只會愈來愈嚴重。

走到文華酒店附近遇到一羣青年信徒，問安之後叮嚀説，請勸同儕不要受傷，話未説完又哽咽了。

來到天星碼頭附近的天橋，剛好鳥瞰橋下全景，摩天輪旁幾輛警車載來一支「速龍小隊」；另一邊的小貨車有幾名示威者在落貨。速龍忽然加速追截，但瞬即停步折返。

此時，傳來紅帽子老頭大叫：「射他！射他！」橋上青年一聽見，怒火中燒，大興問罪之師，老頭子還不知進退，我看在眼裏，同樣地不滿，叫他閉嘴，他仍不罷休。那時，兩名青年追上前理論，幾乎動手。我怕他們真的出事，苦勸青年退下：「仔啊，回來！」他略有不甘地目送老頭離開，靦腆地向我道謝。我有點後悔沒有留電話號碼給他：我是牧師，有事找我！

我的夢未醒。

2019 年 6 月 12 日

後記：

這一天後來的慘痛代價，令我更珍惜我們的青少年，更堅持非暴力（縱然心中的怒火燒得更猛烈）。可怕的圖畫，我永留心中：九旬老叟在人攙扶下，哀求警員別打人，面對他的其中一位男警，當時木無表情、臉色鐵青、目有兇光。我即時聯想到軍人，可我提醒自己，不可以貌取人。此刻，我再記取，務求社會警惕，拒絕淪陷為一個藉武力欺壓的社會。

我也在想像，不如從今天起，讓退休老人坐着輪椅、扶着拐杖去面對防暴隊，去阻擋勇武青年，為所愛的家園盡獻餘生。

1 二〇一九年六月十二日，多個團體發起「三罷」，示威者包圍立法會，阻止《逃犯條例》修訂草案如期二讀。下午開始，警方使用武力清場，先後發射催淚彈、橡膠子彈、布袋彈等，多人受傷。

4/ 圈外之羊

這天原定要到荔枝角探監，但接到消息謂留守的青年人希望有人關心，陪他們唱詩歌，甚至向他們講道，唯有臨時取消探監，逕往政總去。

第一次乘坐不停金鐘站的港鐵，相信這是政府從雨傘運動所得的經驗，防止市民集結。我由中環走路過去，看見暢通的馬路，心想通路易，通心難。

行人路上五名少女像水貨客般整理紙箱，附近又有青年搬物資上私家車，我替他們擔心，真有秋後算帳的話，這些搬運物資的人實在太容易被捕。但願我的憂慮是多餘的。

穿過金鐘廊來到海富天橋，遇見一位七旬老人怒罵橋下的警察，我走過去按着他的肩膀，叫他專注關心青年人，他住了口，失聲痛哭，悲訴香港竟然再受政權傷害。我也不禁眼眶紅了。

我陪着他往前走，看見有一批人舉起寫着譴責警方暴力的白紙。一位女士向我打招呼，說：請牧師唱歌。我就帶領大家唱《唱哈利路亞讚美主》，又一起高呼譴責暴力，愛與和平臨香港！原來他們的路給警察擋住了，我嘗試穿越防線，但不得要領。我看見一位歐洲腔的女記者，心生一計，叫她讓我替她翻譯，隨她走過去，結果被揭穿（情急下忘記自己穿着牧師服）。

我唯有誠懇要求，與一位警員談了好幾分鐘，解釋為何要到青年人身邊，又盼望大家能更保護香港，似乎這樣的延誤成了諒解的機會。我請他指引該怎樣走，他也耐心地為我提供了路線。我順口關心他當值多久，他與旁邊的警察異口同聲說：才睡了兩、三個小時，臉帶苦笑。

我朝着添馬公園的天橋走去，路上看見兩條小腿包着紗布的青年人，我問候他，他用英文回答「I'm good」，我對他一笑就走了。這兩天，黑衣青少年都樂意接受這老伯伯的問候和鼓勵。我總會輕拍他們的肩膀、輕輕一拉他們的手，輕聲說：「仔，保重。」有些人有點愕然，但絕大部分人都露出笑容。

終於走到我要尋找的人面前，就在添馬公園通往「煲底」[1]的通道前。那裏有五、六名警員把守，靜靜面對辱罵叫囂。我是來尋找迷羊的，雖然焦點是迷惘的青少年，但斷不放棄作和睦使者的機會，警察也是我要尋回的。我帶了武器——色士風——先奏一曲，人人屏息之後，我宣告「凡勞苦擔重擔的……」，又說「凡動刀的……」等等。感恩的是，辱罵停止了，讓我可以宣告主釘十架的意義，安慰傷心的人，指出了主的愛並不以暴易暴，但終能勝過一切黑暗勢力，復活主能賦予我們真正的抗爭力量，給予新希望。

講完之後，一個二十五歲長期病患的女子分享心路歷程。她是一名基督徒，生於內地，長於香港，誓言保護香港。

意想不到的一場戶外佈道引來媒體報道，本地與外國都有。隨着是與一羣青年基督徒唱詩的時候，有銘恩吳牧師，喜德黃牧師等一起。可惜那邊辱罵聲又起。氣難平，我明。播了種，靜候就是。

我熱得滿頭大汗，竟然有人送我紙巾，為我搧風。我道謝時，大叔笑說，自己也涼快！握手時，我覺得他是幹粗活的，但他可真是細心的漢子。

忽然，滂沱大雨，警察避雨，羣眾叫罵聲更大。

待雨晴。

黃牧師陪我避雨，送我水喝，助我收好武／樂器，看見青年們仍在把垃圾分類，預備搬走。世界上能回收物資、「暴動」翌日回來親自搬垃圾的，只有香港這「瘋人院」才有的吧？

還趕得及去記者招待會，所有牧師都談到青年人和平示威橫遭武力驅趕，男子漢都哽咽。我旁邊的馬保羅牧師雖沒有發言，也不停飲泣。認識他二十多年，第一次看到。

散會後，雨又傾盆而下。忽然有黑衣青年替我打傘，大概看見我沒穿好用完即丟的膠斗篷那狼狽相吧！唉！又一「暴徒」?

香港的青年啊！這些牧師們疼你。

不為別的，只因主耶穌吩咐我們來陪伴你。

2019 年 6 月 14 日

1 金鐘立法會綜合大樓地下示威區。

5/ 牧羊好難

羊羣品流複雜，與社會無異，牧養從來都不容易。社會動盪，爭議不斷，牧養更難。我們唯一的盼望只是圈內綿羊比山羊多：牠認得好牧人的聲音，而教牧也真的只是祂的傳話者。

這年六月不斷思考怎樣牧養城中迷羊。他們散佈在金鐘夏慤道一帶，集結立法會政府總部旁邊。五年前如是，今天如是。

牆外的羊

五年前曾健超的一句話，仍舊在耳邊響起：「牧師，當年如果能夠認識你就好了。」那是他被七警暗角拳打腳踢後的翌日。我們並不相識，我只是碰巧遇到他，趨前問候一下，始知他曾經參與正統的教會活動。他沒有詳細解釋這話的意思，可我猜到正統的教會多半欠缺社會參與的教導。我暗忖：我也好不到哪裏去。

六月十七日淩晨，立法會「煲底」一位以歌會警的青年透露自己因另有一案在身，未敢走得更前，又說：「我其實返過教會，也曾熱心街頭佈道，但覺得教會欠缺實際的行動幫助有需要的人。」我問他去什麼教會，又是正統的。我在想：還有多少經驗相同的青年人呢？

六月十九日教牧在公民廣場前開記招，我在那裏遇見被懷疑藏有伸縮長矛的人，寒喧一番。他是資深機構同工、歌手褓母，我們相識近二十年。他是物資供應者，與救護站的人熟稔。我趁機認識這些前線人馬。她們才二十多歲，都有去教會，且表示心靈得過醫治，其中兩人差別頗大。一位自信健談，粗口流利，問我有沒有聽過她佔旺時的綽號。一位臉色蒼白，似乎仍在嗑藥。我問自己：她們能待在一般教會？能待多久？她們的夢想是什麼？

雅號「鳳凰姐」（為保障當事人杜撰）的，吐露了自己本來有多壞，回到教會感到愛、經歷了聖靈。曾就讀的兩家中學都是教會學校，初中是田徑選手（我的教練竟然是她當年的教練），現正接受教會領袖訓練。她要守護香港，作個有影響力的人。她與周圍的人交代工作，粗口一輪之後，我為她的志向禱告。我知道她的教會是建制靈恩的，特意問她有沒有得到支持。可想而知，她只能作兩面人：社會行動與教會生活分隔開了。暫時，她是平安的。可她這樣投入社會行動，綽號響噹噹，最終會不會離教？還是，她的火，終於被牧師定性為凡火，從此永遠熄滅，作個循規蹈矩的信徒領袖，在心靈醫治上大放異采，為堂會壯大聲勢，教導人順服掌權者，繼續屬靈離地？

撕裂有時，縫補何時？

一星期後，我應昔日會友要求調停家人因遊行示威引發的衝突。一家人關係密切，爸媽赤手空拳捱出頭來，無私付出，沒想到與老爸反目成仇、互有動作的竟是學業有成的女兒。她是當護士的，自傘運以來一直都現身救護站。熱血青年受不了責罵嘮叨，老爸被稱「廢老」，更怒不可遏。政見是惹火的，自義也是。老爸甚至怪責妻子失職，鬧着要離婚。我摟着他，給予安慰和支持，又鼓勵太太毋多言，只要站在一起支持丈夫。大家不要再講立場，只要表示關愛就夠了。在撕裂了的地方，情比理更重要。

反修例一役，哈利路亞與粗言穢語此起彼伏，教牧人員同社運份子齊步前進，到底是禍是福？一羣又一羣什麼人發聲了，這是教會的甦醒麼，抑或只是顯露了更深的裂痕？失去的是一代人，或是失去了一隊人？孰輕孰重？在爭議聲中，聖靈的訓誨到底被淹沒了，還是被襯托得更加清脆呢？終極的牧養與醫治該有什麼面貌？

我痛心的是教會與政府似乎並未善用過去五年的時間深切反省悔悟，前者仍然「屬靈離地」、「政教分離」地沉醉在自己的天地裏；後者無視「一國兩制」的崩潰、對新生代以及港人的哀傷充耳不聞，沒有為社會的撕裂作出縫補，似乎麻木地增加民憤。

此時此刻的香港需要牧養：走在人羣中相伴聆聽守望；退到恩座前反思代求哀哭；站在權貴百姓前宣告警惕安慰。港人如羊無牧，顛沛（harassed，被欺凌、受騷擾）、流離（helpless，孤苦無依、困惑無助），誰看到呢？誰來牧養呢？

為了這幾個禮拜能接近青年人，略聽心聲、輕拍肩膀、送上祝福、善言勸説感恩。為了青壯年牧者貼近他們，不辭辛勞感恩。但願堂會領袖們切勿叫他們再經歷傘運後的失落，反而加以勉勵和肯定，叫他們在這世代緊隨良牧，而良牧則贏得迷羊。

2019 年 6 月 28 日

6/ 貼地的追尋

要是有信徒認為教會太離地而想離開，首先，我會控制自己，不要曉以大義、滔滔不絕的訓誨一頓，說什麼這是你的家，無論如何也要留下來。其次，我會聽他的解釋，詳細地了解何謂「離地」，以及他的實際期望是什麼。

接下來，我會按照他所謂的離地，具體地和他逐一探究原因，一起尋求出路。我想儘量靠在他的身邊，靜靜守候着他，聽着他的脈搏，藉此清楚他對教會的失望有多嚴重。

由於教會的狀況頗大部分是由領袖們造成的，我雖退休多年，自然也要承擔若干責任，不可意圖開脫，迴避問題。

原來冰封三尺非一日之寒。他所指的「離地」，已經憋了六、七年，過去五年最為嚴重。具體而言是不滿教會對於社會的問題總是默不作聲，即使有些反應也是含糊其詞，以屬靈禱告壓倒一切，甚至給人一種只求維穩、明哲保身的印象。他否定信仰就是修心養性同登天堂。他質問教會為什麼那麼冷漠離地？為什麼禁止內部討論？為什麼不發出聲明，譴責濫權不公的事？為什麼劃地自限，永遠用「順服掌權者」和「政教分離」自絕於世界？

我向他表示歉意，承認自己一直待在保守福音派傳統之內，尋求分別為聖，專心傳揚救人靈魂的福音，所講的道都是解經式，忠於所託，但對信仰的公共性，如何落實在社會、政治、經濟等方面極為貧乏，深覺慚愧。即或有所認識，礙於恐懼報復或附帶影響，總覺得有些範圍是言論禁區。結果如此。

他聽後，眼有淚光，彼此多了一分了解，肩膀上的張力也減少了。

我敞開心懷向他説，這五年我在學貼地、無懼、智慧、仁愛。

其實我的啟蒙早在三十年前已經開始，至今未停。八九六四、雨傘運動，一直挑戰自己如何作個有良知，有信念，拒絕離場，拒絕離地的傳道者。一些刺激我思考的讀品有：《世界觀的故事》（寇爾森、南西．皮爾絲著，林秋如、林秀娟譯，台北：校園，2006）、《上帝子民的宣教使命》（萊特著，鄧元尉、祈遇譯，新北：橄欖，2011）、賴特的基督論、福音觀、邢福增的歷史研究等。在人物方面，朱耀明牧師貫徹始終服務基層，正直敢言，追求民主都敲響着信仰不可離地的鐘聲。

可以說，今天離地的指控是三十年來的「收成」，主要是政治環境持續變壞（必定有人反駁），社會不公日益嚴重（同樣，有人會說昔日更慘），教會的聲音被社會活動份子的敢言、直言比了下去。這是以頗政治的角度批評教會，當中仍是有待商榷。畢竟教會並非政治活動及倡議行動的團體，更非無所不為的組織，必然有頗多不足與限制。

在接受公道的指控之時，我們也不可把教會的所有建樹全部抹煞。眾聖徒平日的嘉言懿行，眾多機構組織的服務貢獻，在在顯示教會作光作鹽的貼地努力。

如果你真的以為我們的宣講離地、見證離地，希望你可以一起令大家學習貼地；倘若你認為我們無藥可救，我也會祝福你貼地的追尋。畢竟，我們所求的是爾名至尊、爾國降臨、爾旨得成。

2019 年 5 月 17 日

7/ 同在

香港人對這一天永誌不忘，無論誰都當銘記。促成二百萬人締造和平示威歷史的是誰呢？

至於我，早上在禮拜堂講道，下午在遮打花園講道[1]，遊行後回家慶祝父親節，再回到示威區，夜半二時回家。

耶穌是獅子與羔羊

上午宣講的經文是〈啟示錄〉第 5 章，所提到的耶穌是獅子也是羔羊。新約學者賴特（N. T. Wright）指出基督徒往往只擇其一，結果搞錯了。歷史上，獅子基督徒為求公義，訴諸暴力；羔羊基督徒只顧和諧，專注個人救恩。其實，猶大的獅子是以羔羊的犧牲取得大勝，而羔羊犧牲的背後，則藏着獅子的大能，所向披靡。猶大的獅子是政治性的頭銜，基督徒當知沒有任何黑暗醜惡的範圍是祂無力處理，不聞不問的。

我講完了，心暢快。

但有人不爽，表示回來教會聚會有壓力。我與他談話，深明癥結所在。我們華人教會的弊端，自八九六四、雨傘運動，以至反修例運動，一直沒有在神學反省羣體傷害上認真處理過。若不勇敢求變，仍然「政教分家」、「聖俗二分」、「截用經文自詡獨有帶領」，痛苦只有加深，新一代繼續流失，令人落淚。

我申明：教會不是政治組織，非由議題立場或行動方式來決定，乃忠於基督、追求真理、公義、仁愛、和平的羣體，惟牧者不可能是蒼白無血性的個人。

祂是主基督，我們毋畏毋懼

下午站在權貴象徵包圍下的遮打花園，在藍天之下宣講「叫耶穌嚟見我」[2]的題目。一站上台，看見台下一張「耶穌喺度」的標語，感動不已。我講出五句節後使徒的見證，他們站在羣眾當中，面對權貴的責難，勇敢言說。禱告時，指名道姓，毋畏毋懼，相當「政治性」。我勉勵大家要向至尊者歸降，終極的追求為要宣告耶穌為主為基督，在人間帶來上主的醫治。

香港仍是香港，更願香港造福其他地區；今天的自由，不容輕棄。

遮打花園的禱告會完畢，兩位五、六十歲的男士對我說了叫我愣了一下的話。一位說他支持修例，總無法明白反對立場。在這樣的場合，詳盡討論幾乎是沒有可能的，但我又感到他是真誠而善意的。於是我十分認真地為他禱告，盼望他明白各種論點，有能力作最好的選擇。

另外一位關注特首是多麼孤單，眾叛親離，連夫君也不見蹤影。這觀點令我瞠目，但不能不佩服他的仁心。結果得到了一次為特首一家祝福的機會。

耶穌喺度，祂顧念我們

遮打之後，前往政總與其他教牧同工會合，繼續守望，路上到處都是示威人士。穿過金鐘廊的時候，聽見廁所傳來叫罵聲。一位女士站在男廁門外擋着一位身穿廚服的男士進去，雙方在門口互罵。原因是女廁不夠用，有女士已徵用男廁裏的廁格，派同伴在門口把守，跟要進來如廁的男士起了衝突。我上前鼓勵廚工體諒一下，進入廁格關上門就沒事，可惜他堅持要「站着解決」，我只好不了了之。

步上金鐘橋，即知往政總無望，惟有改變行程，與記者朋友找個有利位置鳥瞰觀察。途經前一天從棚架墮下失救的抗爭者所站的位置[3]，心中怵然，黯然神傷。

沒想到，從酒店出去，一推門，竟是悼念活動的中心！溪錢、白花、焚香、祝福留言、紀念冊數之不盡。一個人的死，牽動着無數心靈。

為了回家晚飯，想盡千方百計，貼着路邊逆流而行，竟然成功找到唯一的的士。司機自歎載人來倒霉，我們則高呼哈利路亞，深信他是主派來載我們的天使。晚飯席間全家人都空前團結，連九十七歲的岳母也説反修例。

耶穌喺度，祂守護我們

教牧團呼籲馬拉松祈禱守護香港，所以飯後乘地鐵返回金鐘。由於接近午夜，交通順暢，黑衣人的蹤影仍然到處可見，只是比較疏落。到了金鐘，看見地鐵站內竟然有少女拿着大膠袋蹲下執垃圾，心頭一震，傘運優秀傳統傳承得太成功了。

從政總電梯走下去，呈現眼前的又是一片燭光，大片花海。走過公民廣場，氣氛與四天前截然不同，有人在跳舞。一位男士頗為忘形，未知受藥物還是酒精影響，對旁邊的女子有所企圖。我趨前分隔，但他老羞成怒，意圖從後攻擊，幸好有青年認得我，馬上圍繞着他，使我安然離開。這叫我明白公眾集會，什麼人都有，沒有絕對純潔的組合。

來到唯一有警察防守的立法會入口，羣眾坐在地上靜聽教牧分享，低唱哈利路亞。牧者們的默契是保護警察與羣眾免於互相衝突，每當有人走近警察，我們就站在中間分隔。

正當一班青年向着警察唱歌時，背後傳來招呼聲。回頭看見一名高級女督察，她說聽過我講道，我見機不可失，與她多談幾句，盼望可以多了解警察的心態。從她的面容語調，我不禁想到，警隊內也有優秀善良的基督徒，希望他們真的可以發揮作用。她很禮貌的說，如果弟兄姊妹唱得累了，可以請他們坐下來唱。她的憂慮其實是站起來的人阻擋了警察視線。

我走到青年面前，請他們向側面低一級的平台移過去唱，豈料竟不太順利。原來他們真的帶着怨氣，以歌為武器。猶幸他們終於聽勸，又樂意吐露心聲。帶頭的說，曾經信過，曾經熱心，但教會離地。我心頭一震，似曾相識。傘運時，有人跟我講過一樣的話。五年過去，教會依舊。我心仍在痛。當時能作的，除了聽，只能給他一個父親的擁抱。

不久，一個戴了口罩的青年走近警察，我走過去問候。他是中四學生，曾被噴胡椒噴霧。我領着他離開，用自己兒子的經驗勉勵他。

耶穌喺度，祂賜平安給我們

這一夜，危險在龍和道西面。我決定離開禱告會，到處觀察。

遊行的黑白巨型布條臥在地上。我不斷呼求主賜平安，勿讓暴力得逞。來到龍和道，禁不住站在路中心「打卡」，對於新一代，它太重要了。青年人遷移防線，沒有警察。有人安排物資、救護。有人近距離拍攝我。我走進廁所，裏面髒亂不堪，並不像傘運時有志願者清洗打掃的美麗和浪漫。

沿着天橋走去，浮現許多畫面，深明遭到逮捕，沒有反抗仍受粗暴對待者的悲哀。暴力問題五年來沒有更深層地得到高層的處理，即使七警一朱受到制裁[4]，有跡象顯示，警隊裏有人仍忿忿不平，甚至提出降低警察使用武力門檻的想法。無論何人鼓吹更勇武都是應該反對的。悲哀的是，反暴力的立場也被某些抗爭者反非議。可我本着良心，毋懼發聲。討好人不是我的考慮。

來到橋頂，記者早已擺放拍攝器材，我感到不舒服，好像早有靜待好戲上演的意味。但願是我多疑了。

來到特首辦，驚見裏面塞滿了警車，政總會議廳內也是一樣。到底有多少警力，我不得而知，只盼四天前的錯誤勿再重演。

耶穌嘅度，祂是門

累了，重回添馬公園，回望了早前祝福警察的石壆，往海富中心去，瞥見大堆雨傘，夏慤道仍有數百黑衣人。回頭一望，仍見門常開。

主說：我就是門。

2019 年 6 月 18 日

1 二〇一九年六月十六日，民陣第四次舉行反對修訂《逃犯條例》遊行，宣佈二百萬加一人參與，包括指遊行前一日墮樓的梁凌杰，而警方估計經原定遊行路線，最高峰人數約為三十三萬八千人。

2 二〇一九年六月十二日，有牧師指警員在清場時曾說，「叫你個耶穌落嚟見我哋」，引起爭議。

3 二〇一九年六月十五日，梁凌杰在太古廣場掛上反修例標語：「全面撤回送中，我們不是暴動，釋放學生傷者，林鄭下台」後墮樓身亡。

4 雨傘運動期間，有傳媒拍到七名警員在添馬公園一角毆打示威者曾健超，七警在二〇一七年被判「襲擊致造成身體傷害」罪成，第五被告陳少丹被加控「普通襲擊」罪成，被判監兩年；二〇一九年上訴庭裁定其中二人上訴得直，撤銷定罪，另外五人獲減刑至十五至十八個月。警司朱經緯則被傳媒拍到用警棍毆打途人鄭仲恆，被裁定「襲擊致造成身體傷害」罪名成立，判監三個月。

8 走進人羣中

這天到了九龍[1]。巴士不能轉入彌敦道，只能沿佐敦道直駛，我預料前路一定塞車，馬上下車，穿過多條街道，直趨戲曲中心。路上已遇見遊行完畢的朋友，略感愧疚，再往前穿越隧道，終於加入遊行大隊，才感舒懷，為時未晚。

來到一個分叉位置，警察廣播指示離開方向，羣眾馬上起哄，有青少年毒舌咒罵，白衫警員還以怒目。我的和平之心按捺不住，走到白衫旁說：「我是牧師，會勸他們冷靜；若你能退開一下，情況不至變壞。」他怔了一下，竟然接受！

青年人瞪着我問：「你對他說什麼？」我說：「叫他不要睥你們，快些退開。」他繃緊的臉馬上放鬆，然後又罵，一直跟在警隊後面罵。我勸他們得饒人處且饒人，他們吞不下，因為警察的暴行在他們內心留下的傷痕太深了。我勉勵他們不要灰心，總要活下去求改變。

來到水馬陣，高鐵站全給圍住了，天橋封了，黑背心的警察在上俯看，橋下有十至二十人站着，有人在拍照。忽然下起雨。人羣又起哄。他們似乎一見警察就怒火攻心，一定要有所表達，然後又唱起嘲諷的歌。民怨之深真可從中看見，但是大家相隔較遠，平安無事。

我走到天橋上，北望「耶穌是主」的招牌，無限感慨。

不知怎的，總是捨不得從佐敦道離開，又折回匯翔道水馬陣處，遠處似乎正在發生衝突。我不知道哪來的信心，也不知何來的智慧，竟然面向警察，高舉雙手，仿如禱告祝福，請他們勿理會咒罵，略為後退，停止拍攝。

沒想到領頭的竟然退守到指揮台上，情況略微緩和。此時，有人和我打招呼，是主內弟兄，長駐立法會的。我們即時合唱哈利路亞，將咒罵聲稍為掩蓋，及至記者訪問青年人為止。原來青年人辱罵警察，警察以辱罵還擊，事情就鬧大了。趁着青年人受訪的時候，我向他了解情況，聽他說出不忿的原因，結果他也平靜了。

可是，就在此刻，前面的形勢突然緊張起來。有立法會議員要求警察讓路給示威者沿水馬旁離開，但警察堅決不讓，一方面這是最接近高鐵的入口，另一方面若示威者在警察面前經過，距離太接近。

無巧不成話，竟然再次遇見之前在立法會說聽過我講道的女督察，她又來請我勸人散去！她認為，示威者的叫罵與讓路的要求都是無理的，深信神有公義，必定鑒察。又說，有人犯法，我們一定執法。我一邊走到議員的身邊，勸導好議員一定要令事件降溫，儘快領大家散開。他解釋説，這些人沒有惡意，只是要對峙久一點。他背後的青年人在哭，我緊緊的擁抱着他。警察可能到現在還沒明白青少年的悲哀與憤怒，仍然只看到自己是正義之師。這是香港極大的一個悲劇。

當我穿梭在警察與羣眾之間的時候，忽然有警司大發官威，指喝説我沒有特權走來走去，幾乎要出手攔我。我也沒好氣的敷衍他，走到其他警官面前交代幾句就走了。

走的時候，示威者喊着要警察開路，因為路面太擠，人太多。

我聽得不舒服，因為路很寬，這樣是陷警察於不義。又是一股傻勁使我走回去，我裝腔作勢用英文對喊話的人說，要講事實，要叫人和平的離去。他聽了。

回家路上，有人端詳了我多次，說：「別介意，我認得你是牧師，難得有牧師站出來！」我說：「有很多，你不認得而已。」他提到自己教會的牧師，寫文章談政治運動也被勸說：這樣是用人的方法，應該安靜交託主才對。我無言，只是在想：今天上午在敬拜，下午在遊行，兩者關係何在？

2019 年 7 月 8 日

1 二〇一九年七月七日，網民發起「九龍區大遊行」，大會指有二十三萬人參與。

9／放下身段，用心聆聽

從前網絡上有謔稱基督徒為「耶L」，現今已經洗脫罵名。這是什麼意思？是一曲哈利路亞的能力？還是教會見證的能力？

別的不說，「在場同行」、「在場祈禱」的陪伴關懷，可能是扭轉羣眾態度的最主要原因。此外，在大集會與遊行期間開放教會、信徒絕食靜坐、教牧譴責警察濫用暴力的記招、教牧哀行、公開祈禱會，也在市民心中留下深刻印象。

我每一次走在人羣中，揮之不去的總是主的話：如羊無牧，飽受欺凌、哭訴無門……我也看到迷惘混亂，未卜前程的人，真希望可以把他們帶到大牧者那裏去。

不過，倘若我們輕率地以為自己已經贏得民心，馬上可以福音大豐收，甚至在集會上逕自傳福音，我們仍未脫離急功近利的陋習。與人同行是漫長的路，放下身段，用心聆聽是決不可少的。再者，片刻的好感，其實是過眼煙雲，真理始終是苦口良藥，絕對不是人人受落的。

假如恆常熱衷社會的人來到教會，我倒擔心教會能否容得下他們。他們已經有自己的文化：直接、沒有大台、尖銳、粗口、豪放、齊上齊落、投身社會。我們如果要牧養他們，恐怕力有不逮；如果要陪同抗爭，恐怕又會引起內部的矛盾。其實，教會連相關議題也許都還沒有認真思考過，談何牧養？難怪新興教會應運而生，等傳統教會改變已經等不及了。

一言以蔽之，我們根本未準備好，我們根本無能為力。自己所持守的一套幾乎沒法應對他們的訴求：倫理、公義、法律、信仰，全部都是不容易解答的。

當然教會不是要完全遷就他們，但我們卻不能依然故我，一成不變地把他們塑造成為昔日模式的信徒，再走回頭路的循環，專心「教內事奉，遠離世界，聖潔屬靈」；乃是要幫助他們連於基督，將天國價值落實人間，無畏無懼，投身於一場全面的屬靈爭戰之中，把生死置諸度外。

這樣說可能也把他們抬得太高，可他們真的是能夠受感召的一羣，我們不能掉以輕心，要將那最崇高的呼召放在他們面前。

最後，他們在這段日子裏，飽受煎熬，需要愛顧治療，可能要陪伴進出法庭，或許到監獄探訪，需要精神與物質的關懷，需要與家人復和等。教會若能在此刻擁抱他們，其他的缺欠，也許可以容後補回吧？

反思福音、反思羣體、反思牧養，都是抗爭青年所帶給我們的挑戰。

2019 年 9 月 27 日

二　黑夜有多長？

1/

辛勞抑徒勞？

遮打花園十點半的集會[1]，將近十點仍杳無人跡，可見規模與吸引力有多大。可我十分重視它，因為這是教牧同工的苦心，盼望可以用靜默遊行表達內心的哀痛，並藉此支持受傷的港人，也為日益升級的衝突降溫。最初預備參加的大概有十六位教牧，活動當日約二百多位。傳媒及旁觀市民不多，是十分低調的遊行。特別一記的是，前來出席的信徒中，竟有一位多年不見的熟人——兒子是警察。她落落大方的回答我的問候說，老大是明白事理的警察，還是能夠與兩位立場鮮明的弟妹溝通，至於老爸，不提也罷！什麼意思，我倒沒有追問。

早幾天遮打花園九千人的銀髮一族遊行原擬是靜默的[2]，但一開始已失守，慶幸我們可以堅持到底。我覺得口號雖能表達訴求，但也有煽情偏側的隱患。默行其實是具有內省作用的靈性操練。

我們三、四個人一排，跟着高舉的十字架後面，緩慢地走斜路往禮賓府去，心中禱告說：「主耶穌基督求你憐憫我們」，沿途大家都沒有交談。慢速走路很難，髖關節很累，真欣賞幾位帶着拐杖來的牧長。

我們能夠專心慢走，馬路也過得平安，全部歸功於警察。我也找到機會表達謝意。我特別同情背着旗袋的一位，雖說有備無患，但真的白做了。我們真是太和平的一班人嘛！

離開遮打花園最先注意到的是長江中心的標誌，心中想起的當然是李嘉誠，想起他的撤資，更想起他所建立的都是上主的恩典，也全都帶不走，留下來造福香港。衷心祝福他能歸向基督。奇怪的是路過聖約翰座堂時，竟然沒有留意。到了律政司，心所想的就不好說了。

過了馬路，走上一條之字形的斜路，往前走原來是禮賓府後門，真的有點失望，為什麼不能到正門去？還有，我們根本連後門也摸不到，因為被警察與鐵馬隔開了。大家解下手上表達訴求的黑絲帶，我拚命把它緊緊的綁在鐵馬上，不讓人解得太輕鬆。

我們把心意都貼在牆上，不知道能留多久，可我相信，天父會記念我們的眼淚、祝福與呼求。

我祝福禮賓府的貴賓：願主憐憫她，使她能謙卑說那兩個字。如果謙卑並非關鍵，而是另有難言之隱，那就賜她勇氣，得到釋放，及時說出來吧！

擱筆的時候，一切依然。

淚白流，路白走？不，我仍然不會放棄仰望上主施恩，也不會放棄作任何造福我城的事。

2019 年 7 月 21 日

1 二〇一九年七月二十一日上午，教牧關懷團舉行「哀行我城，心繫上主」祈禱哀行，大會指有二百二十人出席。

2 二〇一九年七月十七日，千名年長者參與「銀髮族靜默遊行」。

2/ 黑夜有多長？

主日講〈啟示錄〉，主旨是黎明必來，但黑夜多長，實在無人知曉；祭壇下殉道者的靈魂仍在呼喊：主啊，要到幾時呢？叫人稍為安慰的，就是人總不能逃避上主的審判，沉冤必定有昭雪的一天。

下午要到一個禮拜堂分享基督徒應否參與社會行動的講座。五十多位出席的，有準備遊行的青年人，有「偏藍」的爸爸，氣氛平和。這是雨傘運動以來首次明刀明槍的對話。

為了這一天能平安度過[1]，我發夢要有一個二千人的和平詩班，結果夢想成真，在循道衛理門前祝福遊行人士的，人數接近二百。額外的收穫是接受了報章的訪問，詳述基督徒，尤其是教牧在這運動中的作用。

二百人詩班從未謀面，在胡志偉、梁國全兩位帶領下，一共唱了近三小時，頗得市民的欣賞。為保障大家安全，八點半在終審法院那裏解散了。

我們教牧關懷團的同工們靜靜看着不願散去的人往上環走去，躊躇着該怎麼辦？絡繹不絕的青少年帶着裝備物資經過，也有從「前線」回來的。我在想：那麼多的青年人，哪裏來的？都是學生？都是職青？他們在「抗爭」？是「暴徒」？都是「犯法」的？怎傳福音給他們？

旁邊的兩母女給了我一點啟發。媽媽為小女兒稍為擔心，但沒有阻撓，姐姐說妹妹「只傳物資，知所進退」。那女孩是盡己力守護香港而已，家人諒解。我們當然也遇到心焦如焚到處尋子女的家長，替他們痛心。

我們不想走得太前，要作和平使者也不能不自量力，結果在中環街市逗留頗長時間。青年人傳消息：信德中心那邊發射催淚彈、布袋彈;客貨車司機打人，被攔住時更意圖燒車嫁禍，結果被打至送院。

這邊廂，忽然傳出喝罵聲，一青年被夥伴抓着，整個人抬起來，仍奮力掙扎要站起來，顯然被店舖的人激怒了。我們馬上過去勸説，牧師在此，請他冷靜冷靜，幸好他的怒火很快止息。聚集在一起的人，分佈很廣；有雨傘張開，即是有行動：拆欄杆，扎路障。這些指定動作，大家都熟能生巧了。可我冷眼看得心痛與心寒：痛，浪費精力青春，結果每一次都是清場告終；寒，誰在等待他們練就城市游擊戰術，然後一舉殲滅？好狠毒的掌權者啊！這一天，我擁抱了手持美國旗的前鋒，心中求告上主救他們脱離兇惡，不受傷，也不傷人。

今天，愈來愈多青年人 full gear，在愈來愈多人的眼中，他們全是暴徒。這是誤解。頭盔、眼罩、口罩、保鮮紙、雨傘、垃圾桶蓋怎與武裝人員的裝備相比？完全是笑話鬧劇。這一切要到幾時呢？有時候，我真想「抗爭者」卸下所有裝備，赤裸裸地豁出去，喚醒當權者的良知，不再耗費青年人的力量，共謀出路。我真的是個作夢的老頭。

在這兒待久了，似乎也沒有可為，走到橋上看，我看到警車燈閃亮的遠方，一路走過去。近海那邊有火，橋上攝影者被圍起來，被人要求刪除相片，有牧者在調解。其實誰「有權要求」人作什麼事，始終是一個謎，也是羣眾運動亂象的源頭，令人不安。幸好，至今未釀成「暴民」文化，但再拖下去，真的太危險了。

來到「防線」前，腦海裏盡是那些衝突場面，心靈湧起莫名的哀傷，能叫停衝突麼？能打破你阻我衝、你衝我打這低劣醜陋的循環麼？沒有警察就沒有混亂，雖然幾乎是真實的事，可誰又能冒險叫警察完全消失呢？我能求的只是請人快走，或是請警察通融，慢一點才行動吧？

我在社工面前舉起手，高呼要見指揮官，在警員面前出示證件，但受到冷待，甚至抖動盾牌，作勢威嚇。我稍微退開，繼續要求。終於持咪的回應説：儘快！我轉身快跑高聲喊叫：「一齊來，一齊走。上環地鐵可以走，快快走！」有社工遞咪給我，來到十字路口，我拚了老命重複着這幾句，記者四方八面包圍着。

其實，我哪有勸退的能力？我只是順水推舟，廣傳青年人原定晚上十一時二十五分退場的計劃而已。他們走的時候，有廣播叫人不要回元朗、油塘等地。原來元朗真是恐怖地帶[2]。無論如何，我為着自己沒有兩面受敵感恩，捏一把汗。我也不希罕再來一次，然而我仍是會盡力守護青少年。

我堅持任何有良知、有位份的人，在責怪青少年之前，應該去聆聽、擁抱、陪伴，叫他們的精力、創意、團結匯集成為香港的新希望。

2019 年 7 月 23 日

後記：

人羣一散，我也急步往地鐵站去。身旁的女孩拿着六頂頭盔，問道：誰能幫手拿物資？我二話不說幫她拿了三頂。所以，我也幾乎full gear了。我拾起磚塊，感受它的重量，好警惕自己遠離一切暴力。

1 二〇一九年七月二十一日，民陣舉行第六次反修訂遊行，大會指有四十三萬人參與，警方則指高峰時有十三萬八千人。示威者抵達指定遊行終點後，繼續前往西環的中聯辦，向中國國徽投擲墨水，與警察爆發嚴重衝突。

2 二〇一九年七月二十一日晚上，多名白衣人手持木棍與藤條，在元朗港鐵站無差別攻擊市民，多人受傷。

3/ 毀與譽

在社會運動的一百天裏，印象特別深刻，一定是「食煙」（催淚彈／煙應該正名為化學武器，它的害處豈止刺激眼睛！）。有次在警察總部後面的花園隨着記者拍攝，忽然有兩枚催淚煙落在我們面前，令人措手不及。一把尖銳的女聲喊叫着：「暴徒離開！預備！瞄準！發射！」一次接一次在我們兩點鐘方向射去。我們沒料到自己榜上有名。

我馬上屏息閉氣，快步離場，但淚水已開始流出。我不敢揩拭，心中默禱任由雨水代勞，幸好沒有大礙。這一天是十月六日，《禁蒙面法》生效的第二天。[1]

另外一次是七月二十八日[2]，隔了一條街，淚如泉湧，皮膚刺痛。淚眼看香港，視線模糊，卻又有了不一樣的視野，不一樣的眼光。

每想到教會被批離地，已經失去了一整代人，不禁落淚，心酸難過。

我看到香港青少年的拚勁、美善與潛能。他們當家承擔的意志堅定，互動合作創意非凡。這一段日子最珍惜的是走在他們旁邊，偶爾給認出來，微微點頭，或聽到輕聲道謝。當然有人指斥他們目無法紀，甚至欲以暴徒之名勒在他們的頸項上，更怪罪我輩為老不尊推他們送死，實在叫人沮喪。

現場接觸到的青少年連垃圾也不留在地上，收集後全部細心分類，怎會是暴徒的材料？我總是勸退與勸阻，有時成功，有時失敗。他們說：大人不去解決問題，就別再耽誤時間；今天的問題是大人拖延的結果，不可以重蹈覆轍。我勸他們不要堵路，守法地和平遊行，他說：這是為了保護其他的示威人士，況且就算他們沒有搞破壞，也會被人用假新聞誣陷。

這段日子以來，我沒有喊叫「只有暴政，沒有暴徒」。我曾目睹有人挖磚，有人拆鐵欄，我流淚勸説，他們叫我放心，因為他們心中有數。我還能做什麼？我若要喊叫，可能會喊：「縱有暴政，也別作暴徒，中了圈套」；或者，「先有暴政，後有暴徒」，止暴制亂由政府做起。從六月十二日起，令人憤慨的是，暴力行為似乎總是由執法者炮製，至今不息。

「無警無暴」在我觀察所及如此，但當「獅＋鳥」出現時，「暴民文化」也漸形成。也許這正正是政府謀算中的情節。我一次路經太子行，忽然大軍湧至，追打一同路人，疾如風，鋭不可擋。我這不知死活的老頭仍然上前了解調停，尚幸略有果效。可悲的是，腥風血雨已經籠罩着香港。政府難辭其咎！

貼地代價

這幾個月，我的生活與其他人一樣，既抑鬱又憤怒又無奈，流過不少眼淚，簽過無數聯署，發表了多次譴責警方濫用權力的聲明，遊行了不知多少里路，身心俱疲。慶幸的是在這段日子裏有兩次遠行，暫時避開特別躁動的時候，略可保持距離，讓自己稍為低調一點，真是感恩。

「棒打出頭鳥」的危險，不知怎的竟然成為我所面對的問題。我想原因是我三次在媒體亮相，一次呼籲前線的人回家，兩次是記招發言。其實我的付出與參與遠比別的牧者為低，不應被關注的，但事與願違。最難接受的結果有三個，一個是有史以來第一次被提示毋須進入內地講道，一個是本地主日講道邀請被取消，一個是被人辱罵。這是傳道一輩子第一次遭到的挫折。再回想一下，我「惹禍上身」應該是幾次集會講道的效應。

這段日子的講道根本就不容易，離地與貼地俱有代價，但後者在個人層面方面，有時候是相當嚴重的。

我沒有指名道姓的直斥其非，也沒有鼓吹具體的意識形態，更沒有煽動任何人參與什麼行動，只是更多強調耶穌基督的身分與主權，鼓勵人在心智上要堅強無懼犧牲，作主的門徒。我也多指出傳統華人教會的弊病，例如明哲保身、政教分離、重天堂輕天國等，結果被扣上極為羞辱的帽子。

在這大時代裏，有得必有失。當有人嫌棄時，又有人欣賞，其中也是充滿驚喜的。頗令人欣慰的是，年輕的牧者有時候倒過來鼓勵我，叫我別噤聲，也別灰心，也有老會友仍然肯定我的牧職。我常自忖，認識我一輩子了，我是什麼人不必多說吧。不太認識我的，有自己對牧師的幻想，套在我身上大失所望，又與我何干？

回想這一百天，政見、憤怒、關係等不必多說，我的主要衝擊仍是信仰方面的：教會本質、福音定義、家國主權。慶幸的是，同行的天國兒女可不少，深信黎明快來，人心革命，主的榮光必照遍香港。

2019 年 10 月 11 日

1 二〇一九年十月四日，政府引用《緊急法》推行《禁蒙面法》，五日零時生效。十月六日，「反極權反緊急法大遊行」，示威者在港島與九龍同時遊行。

2 二〇一九年七月二十八日，警方對遊行發出反對通知書，僅批准遮打花園的集會，有示威者在集會期間分別向銅鑼灣與上環進發。晚上，示威者與警方在上環發生衝突，多人被捕。

4／求「真」

今時今日最需要的「屬靈質素」到底是什麼？這問題原來不好回答。一方面是難以只選一樣，另一方面是「屬靈質素」也頗抽象。我只明白自六月以來，情緒波動幅度頗大，時而火上心頭，時而灰心失望；有時生活節奏太亂，被直播牽着鼻子走，睡不安寧。

到底這些日子要到什麼時候才完結？這又是無人能答的問題。

回顧社會運動的五個多月，前瞻未來的年日，沉澱出來的「屬靈質素」原來是一個「真」字。

正如保羅在〈腓立比書〉1 章 9 至 10 節所禱告的：「要你們的愛心在知識和各樣見識上多而又多，使你們能分別是非，作誠實無過的人，直到基督的日子。」分別是非是求真的心；誠實無過是真誠的行為。這兩者叫我在這段日子中得着幫助。

我走在人羣中為要親身觀看與聆聽，好知道他們的想法與經歷。

後來學習當記者，對警察與示威者自然有了更深更準的了解，所做的也是為了近距離接觸實在的情況。

謠言四起之際，沒有什麼能比親歷其境更好的了。

八三一兩個月紀念那一天[1]，我獨個兒由窩打老道走到太子道，靜觀一切，滿以為這夜平靜，衝突可以大為減少，豈知事與願違，因為我的時段地段與別人有差異，沒有掌握全面的資訊。在我所掌握的資訊中，我學習了找出真相的重要性。一位險些被「私了」的女士，就是因為我助她説出實況而脫險的。

至於誠實無過的真，則是學習拒絕虛謊的資料，不輕信更不傳開。凡事多角度、多源頭去思考，然後自己作決定。至於處理情緒，也要求「真」，坦誠面對，接納自己的反應，不矯飾、不否認，但是一定叫舌頭不出惡言，以免犯罪。

「真」是否「屬靈質素」，我不知，但我真的是這樣走過來的。

2019 年 11 月 15 日

1 二〇一九年八月三十一日晚上，太子站車廂內有不同政見乘客衝突，多名速龍及防暴警衝入太子站月台及列車，以警棍毆打，並用胡椒噴霧射向在場人士，多人受傷。警方在月台上拘捕多人，關閉車站，並驅趕傳媒離場。

5 / 拯救

朋友邀請我陪伴進入被圍封的理工大學關心四位同學，我二話不說乘的士去。[1]

司機以為紅隧旁的支路可通往唯港薈的警崗入口，誰知路未通，繞來繞去，終於要從壓地道駛入才可以到達。近七十塊的車費，他只收二十八元，因為對面前問題根源的看法，英雄所見略同。

來到警察防線，登記手續完了，從總部來的文職人員陪我走一小段路，問我懂得走進去否，我當然說知道，但完全沒法想像大門口的路是那麼難走，真的是滿目瘡痍，火燒痕跡斑駁。

踏上平台，令人心痛，美好的校園消失於無形。

兩位相熟的牧者帶我到「著名」的飯堂，參觀了「極具規模」的廚房，裏面供應仍舊相當充足，只欠廚師（袁師母陪他走了，另一位想接班又不能進）。其實，也許吃飯的人已經大幅減少，又或者他們都躲起來了。

偌大的校園要找人原來不是簡單的事。

我們決定從其中一座大樓着手，結果一整晚從十三樓走到地面，連廁所也不放過。幾個目標學生只有一個有回應，但就是不出來。

這座伊拉克裔建築師夏迪特（Zaha Hadid）的傑作裏到底還有誰在？我們走到其中一個樓層時正感灰心，靈機一觸，索性以唱歌召喚，結果好像有人走動了一下。

在其中一個房間，有一些個人物品，看着叫人心酸。那裏有一支結他，我也索性不問自取，彈起《唱哈利路亞》和《答案隨風飄》，盡最後一點努力接觸他們。

在「洗樓」過程中我們與義務急救員及外媒、劉夢熊等相遇，大家都無功而回。

警察發短訊提醒我們在午夜前離開，我們依依不捨，爭取時間到處尋覓，多處情景叫人心頭凜然：標語內的絕望、熱誠；防衛校園的「彈藥、兵器」，全部令人震撼不已，猶幸現在幾乎全部被棄置，但願永不再用，叫學生、警察、市民都不再受傷害，沒有傷亡。

臨走時，大家都盼望事件和平結束，警察解封，全場交由消防救護災難應變組用熱能探測器去把所有人帶出來，那就好了。

離開大門，警察用電筒照向我們，查詢一番就放行。我們雖然空手而回，但不會放棄，一個也不會放棄。

無功而還，未想放棄

經過昨晚的無功而回，心灰意冷，但今晚（二十四日）既有機會再入理大，捨不得放棄。

晚上進去前，剛好看了理大內的記招直播，入內後，竟然瞥見紅衫留守者正在接受港台的訪問。我抓緊機會，與他打開話匣子，談了十多分鐘，他亦接受了我的擁抱和勸勉。在最後，告別之際，我再一次緊緊地擁抱着他，向他耳語珍惜生命，要堅信公義憐憫的上主，總要平安回家。

之後我前往飯堂，碰到另一位留守者，竟完全不蒙面地與特地回來關心的教授詳談，我不請自來挨近旁聽，他們不以為忤。後來留守者與教授的溝通間起了爭論，我大膽嘗試調和，期間赫然發現，原來這位留守者是我剛進校時擁抱過的那位年輕人。

一批社會賢達，包括神學院教授、醫學專家也抵達了理大校園，關懷留守者。醫生又再與留守者傾談，亦幫助其他有需要的人。此時，女牧師以母親的愛，輔以舒筋技巧，幫助留守者學習放鬆，形勢逆轉，氣氛祥和。後來，另一位留守者一邊捧着教授預備的熱飯進食，一邊與神學教授傾談，場面頗為溫馨。

感恩今天接觸到這些留守者，衷心的希望他們能平安離開校園。

寂靜的校園裏，突然從耳邊傳來一陣陣美妙的結他頌唱聲，原來是一羣教會的弟兄姊妹走進了理大校園，走遍校園每個角落，以他們的歌聲、樂器聲，去祝福並慰問一羣在理大的人。我不禁從心響起共鳴：願平安臨到理大，也臨到香港，上主沒有忘記所有需要醫治、安慰、釋放、盼望的人。

2019 年 11 月 24 日

1 二〇一九年十一月十三日開始，有示威者佔據理工大學，後演變為多次嚴重衝突。

6／一個都不能少

這一天，再進到理大。蔡揚眉、陳德貞、洪國謙與我在室外等待兩位留守者與區選勝利者晤談。本來我也在室內，但見在場的人有議員和法律界人士，我稍作逗留，只替其中一位留守者捎了一個口訊，護送不受他歡迎的朋友出去就離開了，深盼留守者把握機會離去，讓理大儘快解封，可惜事與願違。

回想前一晚，較積極發言的留守者，沒有蒙面，進入飯堂，略帶憂懼說：通往泳池的門被人打開了，黑膠布也撕開了，外面的人能監察飯堂的情況。我們聽後，馬上幫忙關門，貼好膠布。他就走了。過了一會，他拿着雞腿回來，邊啃邊與兩位大學職員談話，我這才醒覺他是誰。

「你們成年人都膽小，不敢怪罪警察，永遠都叫青年人退，一味勸降！」

「我要守護剩下的人。唉，這個重任擔不起。為什麼選中我……」

來來回回他都在重複這些。職員好幾次不耐煩的站起來，隨後又坐下。

終於，他透露了身分，不是理大本科生，但總算有一些關係。正膠着的時候，來了幾位重量級的教授級人馬，有頂尖心臟科醫生和神學院院長。我心焦如焚，眼見勸說兜兜轉轉，求助院長禱告，交託上主，醫生則應邀診治留守者。

值得一記的是，一位與留守者共患難多日的記者，也是區議會參選人。原本他也準備被捕的，幸好身分終得確認而平安無事。翌日晚上，他離開了理大，我們在街上碰頭，他流淚說自己做得不夠，愧對留守的手足。我欽佩他忠於職守、顧念留守者，連自己的選舉戰情也能放下。

午夜時分，數百市民盡最後努力表達對警方圍封理大的憤怒，猶幸警察這一夜真的按兵不動，終於這夜安寧過去。

理大留守者還有多少，永遠是個謎。有人總是危言聳聽，一定要警察撤退，讓人自由地走出來，否則警察一進去即有可能引起傷亡。朋友說仍可聯絡留守者，我存疑，但姑且盡最後一點力量再去一趟。

市民救人真的不遺餘力，十一時已過，仍有十位站在防線外要求警察離場。女警苦笑説，他們已經叫囂了整天，罵的都是耳熟能詳的話。我看着五個沒有發作的防暴，本着牧者心腸走到市民面前，勸説一番。沒料市民完全受用，停止叫罵，收隊離去。防暴悄悄詢問同伴，到底怎會這樣。

我們在理大學生領路之下，攀越橋上障礙走到 Z 座尋找一遍，看到準備炸橋的裝置，也看到梯間的血路，怵目驚心。

女警致電催我們走，我們依依不捨的四周端詳一下，終於告別了這個繫掛多天的校園，祝願她再次站起來，且能穩步上揚。

2019 年 12 月 3 日

後記：

夜靜。電話傳來：抗爭飯堂有人受傷，但生命沒有危險，一共三人，快來看看。

「聽見聲響，位置未知！」

「如果聽到我們，叩一下！」

「咯！……」

「你們受了傷。叩兩下！」

「咯！咯！」

「別怕，我們來幫助你們。」

大家看着假天花、風槽，於是往上捅，要確定位置，但得不到回應。找到一張梯，探頭到上面看，什麼都沒有，而且也不能藏身。糟糕！他們被困了。叫消防！蒙面者說，我得走了。七嘴八舌的爭論該不該打電話求救。

「慢一點，誰也沒聽到人聲，也沒見過人影，只憑『咯、咯』去斷定。但所有的咯咯聲都是揚聲器傳出的。究竟聲音源頭在哪？」

有人四處找，看見一個咪，上面蓋着紙杯，風一吹，「咯⋯⋯」有時候一下，有時候兩下⋯⋯

不用救，應該出去的，都出去了。

7 / 成為光

主辦機構在最後一天發出呼籲，邀請人出席，我出於同情心就去了。散會後，留下了名字，結果被選中了，應召當上網媒記者。

第一次出隊，師傅帶着我走上街頭，我請人替我拍了一張全副裝備的記者照（後面是師傅背影），後來放上臉書，不出兩句鐘，便被瘋傳近二千次。翌日，某媒體對我大加撻伐，叫人摸不着頭腦；教內也似乎有人不以為然，以為我背棄了召命。眼看低調作記者的心願泡了湯，把心一橫，高調受訪見報，並冠上「見習」以減質疑。

一個月過去了，竟有資深記者笑着問：「見習到何時？」又有外籍餐廳經理問：「牧師，今晚這邊會有事麼？」兩位與我素昧生平，可見牧師/見習記者這身分已經深入民心，無法隱藏。我摘下自加「見習」二字的那一天，樂意分享這月來作記者的經歷：辛苦、疲倦、危險、值得。

妻子說，我一向是忘我的工作者，退休前後一致，所忘的那個「我」是她。當了記者更糟糕，開了工，不知何時收工，為免錯失一個鏡頭，上廁所也不敢。這段日子，鞋也幾乎踏破，全條彌敦道也不知走過多少遍；過馬路比從前雖然直接多了，但跨過中間分隔壆，還是頗有挑戰性。我真的不再年輕了。

頭一天隨師傅出隊是星期日傍晚，警察已經在大角咀封路，幾經辛苦才能會合。一出彌敦道已經火光熊熊，消防在救火，警察舉黑旗。過了亞皆老街，看到滿地彈殼才知先前的情況有多嚴重，馬路上也留下水砲車的痕跡。接近窩打老道的時候，師徒走失了，只好硬着頭皮自己來。路口有人向警察叫罵，他們用手電筒照住目標就衝過去抓人，把他按在地上。我馬上衝前蹲下拍照，可惜學藝不精，一片模糊，錯失機會。衝上前是記者的本能。若沒有記者證，我是不敢的。

有人說，香港今天的記者全部都成了戰地記者，又戴頭盔又戴防毒面具，此話既悲哀又真實。市民看見我們會問：吃了多少顆彈？這真的答不出來。

最經典的一次，是警察臨上車前，贈了一顆手擲的催淚彈，一爆多頭，火勢驚人。我學乖了，臨別秋波最危險，別脫防具。至於胡椒噴霧，我也領教過，所以學會了早點避開。

我們出隊雖然儘量兩三人一起走，但現場環境並不保證常常可以這樣，獨立應變仍然是必須的。我曾三次被查證。一次是地踎，不滿我拍示威者，我也不滿他唬我，走遠一點用長鏡拍下他，怎知給發現，他走來拍下我的記者證。一次是女防暴，看了證很滿意。一次在防線，駐守的把證的底面都看了，我轉了英語台，結果通過了。暫時我還沒有被辱罵過，反而有人因為我們是記者，不用我們結賬，真的太感動了。

走到前線去，其實只是走到人羣中間，讓自己去看去聽去感受，更要珍惜反省的機會，再把一切呈現人前。

沒有想到才一個月，付出多少無眠之夜，跑到尚德、中大、理大；又蹲在示威者後面，面對連環來襲的煙彈及強光。我近距離嗅到各方的氣味，看到他們的眼神，聽到了叱喝與咆哮。我聽到蒙了面的中學生哭訴自己以及女同學的悲慘遭遇。當有一位女士幾乎被「私了」時，巴士被堵住，牧師身分似乎蓋過了記者的，禁不住挺身而出，幸好未釀成衝突。

這個月，於我只是一段啟蒙的日子。也許「所見所聞，不能不說」。這是使徒傳統，我也樂於依循。感謝「白夜媒體」的同行者，讓這牧師可以投身記者的行列，言說所見，為這暗昧世界添一點光。

2019 年 12 月 5 日

8/困局

六一二一周年，躁動的旺角幾乎安靜得令人難以置信：沒有拘捕，也沒有流血。

真相的追尋與傳播是公民社會不可或缺的。這一夜，我目睹一個場面，可我仍須一記所見所聞，發出一些慨歎：羣眾鬱結如何解？警察消耗何時了？我只求是其是、非其非，期望社會回復正常而已。

朗豪坊通往山東街的小巷突然被封，記者一湧而上，馬上被截回。我熟悉環境，立刻衝往砵蘭街，從另一角度察看發生什麼事，只見戲院台階坐着兩人，一位裝了義腿。警察站在四周，沒有使用任何武力，只是呼籲記者退開。藍衫沙展出奇地斯文，請記者尊重被扣查者私隱，又說此事與示威無關。聞說有人被指非禮，倘若屬實，足見警察當晚不易為；遠處如常傳來零星叫罵聲，要求放人。羣情洶湧也易生混亂。接下來是一年來的律動：警察進，「街坊」退；警察退，「街坊」追；警察折返……沒完沒了直到午夜。沒有事情發生，如果沒有拘捕，沒有催淚。

這一夜所謂「街坊」，往往是七、八成記者，一成居民，一成示威者。裏面有些「常客」給我認了出來，當然我也經常給教內的人認出來。他們的合唱團最響亮的有粗獷沙啞的大漢和嬌嫩尖鋭的少女聲，歌詞一致，不堪入耳，直指警察。此情此景何時了？勸阻？立法？拘捕？還是正本清源，公正調查，清楚交代？

這一夜，警察內有多種制服，予人不同感覺，大概是一年累積回來，也許是戰略部署：藍衫、綠衫、黑衫、水藍背心樣樣有。令人發噱的一幕是，警察對着完全沒有人聚集的十字街頭，大喝：「立刻散開，否則武力驅散！」或者又是專業心理戰術吧？但看在平民眼內，給人的觀感完全相反。

這一夜，警察推進時，也有溫柔的一幕。推進往往意味着衝突、武力、噴霧，所以聽見警察問：可否照顧一下這位女士，心間是有點溫暖的。她是一位失明的律師，我陪着她談了一句鐘，但她對警察的憎厭未有半點減退。

「香港人」今天已經有了必然出街的行事曆。政府如果以為三萬警察足以遏止怒火，那火恐怕終於釀成悲劇。六一二周年夜再次呈現困局：沒有警察，街頭平安；警察一到，人人起哄。

正本清源，解鈴還須繫鈴人，這是眾所皆知的事。然而，為表象降溫也是每一個愛護家園的人應該做的：

停止張牙舞爪，

停止濫暴濫捕，

停止白色恐怖，

停止傲慢唬嚇，

停止搔擾青少，

停止毒舌咒詛，

停止羞辱叫囂，

停止破壞洩忿……

誰知道真正非暴力的能力到底有多大呢？

算我癡人說夢吧，可我所見所想，不吐不快，只想人都蒙恩得福。

2020 年 6 月 30 日

9/ 面對黑夜

《港區國安法》實施翌日[1]，出外採訪。天氣太熱了，未能趕在兩點前到銅鑼灣。四點半登上 108 隧巴，司機說，「到豪園才能下車。」我只求能過海已經滿足，下車才知道自己正在一所教會會堂附近。抬頭一看，教堂標語寫着：「請差遣我進入人羣」，不禁心頭一凜，這絕非簡單的事。來到門口，重門深鎖，貼上假期休息的通告，一再刺激思想。

來到中央圖書館門口，路上遺下一堆堆雜物，行人路上行人疏落，也有人駐足談話，來清理雜物的警察好像有意干涉，但最終沒有什麼動作就上車走了。

公園裏有人叫青年打球，說：「打球就沒事！」青年聳聳肩走開。從公園到天后站，到處都顯得疏落，但又流動着不同的小羣，說不準是路過的，還是目標相同的，也許這是立法後的策略。文宣雖少，仍然有跡可尋，比較特別的是黑衣少女搶眼的標語：「支持解放軍取代香港警察」，曲直難分。

來到英皇道，留仙街附近，忽然看到少年拔足狂奔，至少四名警察在後狂追，另有一位持盾牌的從我後面衝出，場面非常緊張。少年逃脱了。背着重裝備的警察跑這百多米是要命的。

一位鄉音未改的女士興致勃勃地告訴我們，由於抓不到人，他們順手把涉嫌擋在前面的大叔抓了，其實他只是路人，女士已經決定上庭替他作證。這一批警察沒有動輒指罵或使用武力，但大叔被押上警車時，人羣中仍傳出叫罵聲。

這一帶漸趨平靜，我們的小隊移師時代廣場，沿路看見零星的文宣以及防暴小隊，他們的信心似乎漸漸恢復，這是久未見過的現象。羅素街交通燈附近甚為擠塞，人聲鼎沸，有大叔指着警長嗤笑：「說國語的！說國語的！」他一臉茫然，同袍也無動於衷，場面相當詭異。大叔洋洋得意，到處宣傳新發現。

時代廣場最轟烈的場面雖已過去，市民鬥志仍然未退，銳意與警察鬥嘴，冷嘲熱諷：「『皇軍』啊……不封路就不擠塞……自以為香港良心……退役只是保安……考試別作弊……英文好流利啊……補水十多萬！」難得這一隊相當克制，沒有事故。但在另一端，只見幾十個被捕的青少年被送上大巴士。

我不清楚他們為何被捕，也沒有看見混亂場面，今天自己所見的片段比以前祥和，到底是《港區國安法》效應還是其他原因？到底被捕者的控罪是什麼？然而，這仍叫人既不寒而慄又擔心。香港市民似乎未曾放棄繼續表達訴求或抗爭，雖然這一天的代價比過去沉重多倍。

2020 年 7 月 7 日

1 全國人大常委會在二〇二〇年六月三十日通過《港區國安法》，列入《基本法》附件三，刊憲即晚十一時生效。七月一日，有市民不理會警方發出的反對通知書，繼續在銅鑼灣一帶聚集、遊行。全日警方拘捕約三百七十人，其中十人涉嫌違反《港區國安法》。

10 / 留下印記

去年這一天，我身在上環，穿的是教牧背心。那一夜，何者有衝突、何處有混亂，牧者們嘗試到處降溫。我們藉禱告、勸告盡上守望此城的責任。不知何故，最後我離了隊，懵然走到青少年前，聲淚俱下勸他們散去。

那時，我聽見有人傳出切勿回元朗的消息，也聽到有人號召進去聲援。這一夜，已銘刻在香港的歷史裏。市民無辜所流的血，不會停止發聲。

一年過去，我決定到現場採訪，細聽細看。這一天我一下巴士，十來歲的男孩持着小小的美國旗迎而來，我急忙拍下。他不知道《港區國安法》已實施麼？也許，這是今晚的預兆？抗爭者將會不顧一切？

舒適的形點一號商場，忽然傳出呼喊聲：「不是記者的，儘快離開。」我馬上穿上黃背心，謹慎地到處觀察，留意退路。

其實，商場內主要是警察、記者、沒有標記的抗爭者和極少的路人，其中警察最多人。這一夜，元朗警力綽有餘裕，便衣、速龍、防暴，遍佈每個角落，若要拘捕誰，你插翼難飛！人數之多也許足夠從警署築人鏈到西鐵元朗站。

在商場的兩個多小時內，警察首先掌握了控制權，將二樓全封了。然後在一樓來回清場，但又似乎不是十分果斷，結果又出現街頭你進我退、你退我咒的惡性循環。警察的克制究竟是七二一的補贖，還是現場人數太少所致，真是不得而知。所見的是，幸而他們克制，否則市民必然遭殃，在商場內使用武力都是不堪設想的。令人感慨的是，市民對擎槍的，竟然視若無睹，更可悲的當然是授權叫人這樣武裝進入商場的官員。

舉起白紙抗議的戀人、舉起「光時」標語的區議員、自製文宣的OL、高聲咒警的大叔，這一夜以決心和勇氣表達了一年雖已過去，但他們的記憶猶新，一日訴求未有回覆，他們總會挺身而出去。

一位年逾八十的先生，一整年來，幾乎沒有缺席一次活動，也是老遠的來表示支持。

聽說有議員被捕了，我不知原因，但他早前的言行，我也見證了。他似乎仍相信議員有法定的職能，可以受到尊重，發揮一點作用。當警察公共關係科（PPRB）將記者困在封鎖線內，緊緊擠在一起，他要求警察擴大空間，警察也從善如流；他要求長官訓斥罵市民為「垃圾」的防暴，我衷心附和，也在警察面前喃喃自語：「大家都收口，可能香港會好一點。」警察不放議員在眼內，絕非社會之福。責任在誰？值得三思。

我經歷了被困住的忐忑。他們不是叫不是記者的走麼？為何又把記者包圍呢？原來要清理「假記者」。《香港 01》記者在我前面，警察只聽那傳媒名稱馬上放行。我交上我的證件，他把我留住。既然留住，當然要被查驗。「我是牧師，基督教網媒，義務的。」他拿了身份證，記下名字，「白夜」。回來竟然跟我說：「對不起！未聽過你們，耽擱了！這邊請。」我腦子裏還是在想公民權利、公民記者、記協講過什麼、我們律師的電話！其實，PPRB 真的可以發揮正面作用的。

我不後悔盡了《白夜媒體》義務記者的本分，在七二一一周年留下一點觀察。

2020 年 7 月 22 日

11／講道者不可或缺的是忠心與勇氣

今天在香港還要怎樣講道？這個問題來得太遲。五年前未有處理的，今天恐怕仍然不會處理。有人戲謔，五年來的聽道好像自己不是身處香港。又或者，這是一個不必問的問題，因為講道就是講道，按時分糧，按所需宣講真理。

香港一般教會的講道都是按照一段《聖經》經文來解釋、應用，這是很穩健的、很安全的，也是放諸四海而皆準的講道。

不接地氣，畏首畏尾，面面俱圓的講道，其實是虧損神的榮耀，虧欠羣羊的。講道者不可或缺的是忠心與勇氣。他是時代的先知、是「神言人」，是「為君王喝道傳旨的臣僕」，「凡與你們有益的，沒有一樣避諱不說的」。講道者本身的自我覺識是最基本的事。

從傘運到反修例，同道中有口難言、焦頭爛額的大有人在。信徒羣體嚴重分裂、吵架收場或鬱悶沉默的，至今依舊。

堂會牧者必須承擔駐堂講道者的職分，不能假手於人，因為他最清楚堂內傳統文化，最有資格針對實況宣講聖言。他既為牧者，自當貼近羣羊的脈搏，鼓勵彼此溝通諒解，一同降服在真理之下。

「政教分離」的誤解可能是今天講壇的最大障礙，需要多費心思、多費唇舌去釐清。大家有共識之後，宣講也許來得更加暢順。「順命與抗命」也是需要深究的課題。值得一讀的是《世界觀的故事》，頗能拓闊牧者眼界。我近年宣講方向的改變主要是對「福音」與「耶穌是主」的深度闡釋，頗受賴特、潘霍華（Dietrich Bonhoeffer）等人影響，另外一些題目則是受苦心志與神的主權等。

講道真的很難，但不能不講。開口之前需要有情、有關係，否則沒有發言權。內心的剛強並不等於言辭激烈，態度囂張。溫柔謙卑，心存憐憫，耐心解釋總比滔滔雄辯能贏得人心。

我仍喜歡大公教會牧師講道前的禱告：「耶和華——我的磐石，我的救贖主啊，願我口中的言語、心裏的意念在你面前蒙悅納」（詩十九14）。

2019 年 8 月 9 日

三　暗世明燈

1/ 讓人從我們身上看見耶穌

經歷半年的社會運動，香港教會到底醒覺了嗎？有人走上街頭守護青少年，有人參與抗爭，走上前線；有人面見高官謙卑表態、聊表關注，不一而足。不少教會依然故我，抱殘守缺卻以為潔身自愛不沾世俗才是上策。也許大部分信徒仍然幻想傳揚「屬天」福音，今日正是良機。

今年教會要報什麼佳音？傳了一輩子福音，對三福四律五色珠如數家珍的我，這半年深受 N. T. Wright 影響，不再把福音局限於死後靈魂得救、個人生命改變兩方面之內，乃將福音重新聚焦在其主角身上，由祂來定義輕重先後。「死後永生」、「個人福祉」的重點遽然失焦。上主駕臨翻天覆地、黑暗邪惡無處藏身、上主威權壓倒一切、捨命追隨毋畏毋懼……似乎更加能夠展示福音的原貌。

彼得在〈使徒行傳〉2 章 36 節的宣告：「故此，以色列全家當確實地知道，你們釘在十字架上的這位耶穌，神已經立他為主，為基督了。」擲地有聲，撼人心魄！

借用 Chuck Colson 的話說，沒有任何領域能把主摒諸門外，祂是創造天地萬物的主，也是光復宇宙萬物的主，二者有先後次序但絕不分割。簡單一句：天國君王登基，全面實現主權，才是福音的重中之重。

耳熟能詳的聖誕經文──〈彌迦書〉5 章 2 節所凸顯的也是這一點：「伯利恆的以法他啊，你在猶大諸城中為小，將來必有一位從你那裏出來，在以色列中為我作掌權的；他的根源從亙古，從太初就有。」祂來了，令一切的希律都寢食難安。

我希望高舉基督過於討好任何的人，也希望弱者靠祂得力，施虐者聞風喪膽。我要宣告悔改特赦的佳訊，但抗拒和稀泥的馬虎了事。成了肉身來的一位是介入齷齪黑暗世界的一位，不是「屬靈」地中立，「息事寧人」老好人。

愚見以為一年內十二月全個月都應該到處報佳音。街頭巷尾都要宣告耶穌基督已經降臨，並且還要再來，表達方式可五花八門千變萬化各出奇謀。

六個月來，有些香港人對基督徒另眼相看，這是值得掌握的良機。也許，報佳音並不是最重要的。平日作光作鹽得人的愛戴，身體力行，效法基督。拒絕攀附權貴，謙卑與民同行，無畏無懼、付出代價、講人話、不為五斗米折腰、表裏一致，讓人從我們身上看見耶穌。這些要比任何佳音妙韻都更能吸引人。

毫無疑問，香港需要耶穌。問題是一個怎樣的耶穌，而這個，唯有教會能把祂展示人前。

2019 年 12 月 20 日

2／實話實説？

言語從來都難以駕馭，所以是藝術。片言隻字都可以掀起軒然大波，足證言說之難。

之前聽了新認識的朋友說，他從一家英語教會轉到另外一家，因為那教會絕口不提身邊事，彷彿自我審查；裏面的人活在這樣的情況之下，自然也儘量避免踩地雷了。轉了教會是不是言論就自由了？他說，相對好多了，但有一次，牧者叮嚀說，倘若有人參與公民抗命，必須儆醒禱告，敏於聖靈的引導。此話一出，牧者馬上受到上級「照肺」，責問為何觸及政治。政治啊，教會奉你的名進行的審查要到幾時呢？難道對敏感題材避而不談，教會就真的「屬靈」、真的「合一」、真的「聖潔」麼？

我明白教會所求的是什麼，也明白她所害怕的是什麼。我沒有直接被「審查」，可我難忘兩件事。雨傘運動之後，一位事業有成、熱心服事的資深主日學老師說：「牧者在講台上只應講《聖經》」，他不是說我，但我不斷揣摩箇中的意思，「只講《聖經》」即是「只限讀經」？「只闡述上下文、說文解字」？總之切勿落地，否則必遭審查？

較貼身的是這五年來的事。自問不敢謬講聖言，只求忠於基督，造就聖徒。始料不及的是因社會局勢改變，單講「耶穌是主」、「勝過一切執政掌權的」，闡釋「政教分離」，呼籲「忠於基督」、「勇敢毋懼背十架」等，竟然也被質疑與非議。我自嘲晚節不保，也更擔心後輩宣講的自由與自主正在削減，甚至消失。

福音派教會一向自詡為建基於《聖經》的羣體，以宣講純全正道為榮。倘若為求政治正確、表面和諧而甘願放棄言論自由，不斷自我審查，即使人財依然旺盛，實質可能已被掏空了。

栽種於聖言上的羣體所需的不是自我審查或彼此審查來以策萬全，乃是藉着生命良知見證上主，持守道德勇氣針砭時弊，呼召人棄暗投明。使徒們昔日專心祈禱傳道乃是站在刀尖，毋懼審查打壓的宣講。

神學院的「講道法」一科在今天也許要補充一節：宣講的勇氣，叫這世界不至因審查而滅掉真理的聲音。

2020 年 1 月 31 日

3／講真話的勇氣——在哪兒？

講真話要勇氣。講了，值得欽佩。講完之後可能有代價，更加要勇氣，需要更多的支持。

真話、勇氣應該是教會最豐厚庫存的寶貝。她的文化氣質應該是令人精神抖擻的。但願如此，環境愈暗，光照更亮。

假如你不以為教會應該如此，那我懷疑我們可能已經習慣噤聲、習慣「不得罪任何人」、習慣「避開政治」之類的陋習，落在吸盡勇氣與真理的黑洞裏。

社福機構為解財困，開源節流，固然情有可原，倘若另有原因，借刀殺人，當然要有人仗義發言，抱打不平才對。警暴成為日常，市民有冤無路訴，漸漸成為麻木，啞忍接受；隱瞞疫情，改寫事實，強權壓倒一切；強拆十架，砌詞入罪，恃「法」行惡，暢通無阻等形勢，全都需要有人憑勇氣道出真相或提出質詢。

可惜，不懂思考、不敢思考、不肯思考，加上惜身如玉的氛圍，令信徒默然不語。

我欣賞維權人士及機構所發出的聲音，以為堪為教會效法，國際特赦組織、國際正義使團都是心儀的機構。

我們不要忘記使徒傳統是尊重事實和召命的，從不看風駛𢃇，「以大局為重」；乃是「不能不說」，也「不以性命為重」的。改革者的傳統也是，所宣告的絕不撤回，「堅守立場，願主助我」。惟願那造人舌頭，賜人勇氣的，叫教會不作啞巴，不作應聲蟲，只作適時為真理發聲的羣體。

走筆至此，真話，當然不是每一句都必須講的，例如毋須告訴肥的人肥、瘦的人瘦。勇氣也不能魯莽，不是為了刺激、冒犯，乃是為了釐清事實、戳破謊言、維護真理。

2020 年 3 月 27 日

4 真相、責任和用心

我作為網媒記者時常提醒自己，所説的是否符合全部的事實？對於個人的品格，我看見誠信、謙卑也是在追求真相的時候需要的。我們處身於後真相年代，必須反思真相、責任和用心這三方面。

然而「食花生」是時下的一種嗜好，但這是危險的，對靈命未必有益處，甚至可能會「噎死」。

曾有很多人關注神學生紀律的事件，瞬間已有不同的「評判」站出來下「判語」。我兩邊立場也看，怕自己不知就裏而妄下判斷。只憑外層資訊去作判斷，也許能展示道德原則，但很容易錯失重點。至於知道「內情」又如何？即便能幫助一個人更冷靜和多角度去思考，也不等於可作絕對權威的判斷，更不能隨意將某些情節公諸於世。

因此，在面對這些爭議之時，學習怎樣去表述和分享是重要的。遺憾是在這些事情的爆發當中，往往包含一段醞釀的時間，過程中是很容易看到領袖和當事人之間，缺乏良好溝通所需的態度和機制。在溝通方面，華人教會和中國人的習性因有尊卑之別，故溝通上更顯困難，這是極為可惜的。因此，我們要學習如何建立一個健康的機制，讓我們透過尊重，透過更多信仰羣體應有的價值觀念去處理。

「家醜不出外揚」這種觀念需要被打破。「尊卑長幼有序」以致溝通出現隔膜，這也是要打破的。在這些情況下不「諸事八卦」，亦是我們要學習的習慣。如〈箴言〉所言，謠言進入心裏令人甘之如飴，我們要嘗試去「戒毒」，不知道也沒關係，不需要強求去知道，知道也不要認為自己已知道全部，就說三道四，妄下判斷。真正重要的是，我們要學習保持一顆溫柔良善的心，守望祈禱，給予善良的祝願。當然，若我能夠和當事人直接溝通，預先對話並掌握更詳細資料，這是更好的。

互聯網的時代真的很可怕，一個按鈕便能將訊息進行千百倍的擴散，問題是傳播的是真相和真理，還是煙霧和謠言？在後現代、後真相時期，這需要更多學習和反思。

2020 年 7 月 3 日

5/還能更灰麼？

「灰」是顏色，是感覺，還是實物？「灰」已經無所不在包圍着我們，且壓得我們喘不過氣來，恍如鉛塊般沉重。

眼巴巴地看着、聽着一天比一天更荒謬的事，欲喊無聲，欲哭無淚，求告無門，誰能不灰？

司徒元（有線電視前中國新聞組主管）辭職離開有線電視，面書一句八字帖「寧化飛灰，不作浮塵」，是無力者剛毅有力的表達。翻查之下，語出彭定康臨別施政報告末段所引錄的詩句，以之比喻香港精神。今日重溫，豈能無動於衷？

但總會有「正能量」、「看透萬事」的人，否認灰色的存在。總有人洞悉內情，指被褫奪資格、被辭退、被流亡者罪有應得，與人無尤，法治絲毫未損。也有雙腳永不沾水的永恆智者半勸說、半揶揄地叫人「留得青山在」。

「寧化飛灰」是絕望者的末路？是勇者的抉擇？是仁者的犧牲？不好說，我只知這不是我喜歡的選擇，卻也盼望自己有這種心志，拒絕淪為浮塵，拒絕變得冰冷。

十架的信仰從不迴避受苦與犧牲，甚至是鼓勵我們隨着祂的腳蹤行。也許飛灰乃是落地的麥子而已。

假如落在地裏是我們的終局，看似飛灰，原來是新生的契機，我們也不至灰心失望，我們有天定要綻放異彩，嘉果滿園。

常有人問，還可以怎樣？我沒有答案。

心灰意冷，可以走麼？

怒火內燃，可以熄滅麼？

抑鬱難熬，可以展顏麼？

被迫到死角，才思考跪與不跪可能已太遲。趁着還有一點空間，我們真的要回到信仰的核心去：救自己命抑或捨去己命。我們習慣了靜默無聲，永遠安全的文化，自保與顧全大局，妥協依從，不習慣為伸張正義而發聲，怯弱成性還自詡敬虔。為義受苦，挺身而出幾成絕響，只在羊圈外可見，都顯示我們可能已偏離了核心。

浮塵與飛灰的分別在乎被動與主動，在乎冷與熱，在乎存在的方式，不在乎一刻的衝動。我們總要有所選擇。

當然，「篤灰」不會是一個選擇。

2020 年 12 月 11 日

6/ 暗世明燈

在《港區國安法》實施下的日子，教會還能進入人羣嗎？主耶穌又怎樣展現那唯一的「道路」、「真理」、「生命」呢？

大兒子兩歲時我們思考的問題，二十六年後他兒了兩歲時又再浮現，來勢更洶，實在諷刺。當年，我牧會才四年，今天，已退休近十年。我們一家該怎樣才好？必殺答案：我知誰掌管明天！強嘴的反應：又如何？

當然，兩老自決，一代人為自己的一代自決。我們的選擇不會強加別人的身上，反之亦然。兩老的去向未定，思考尋問的過程仍在進行中。我家頗為「釋然自在」、實事求是，不敢「金句化」、「屬靈化」任何重大的決定，也許這是我們的基因與軟弱。

三十六年前肩頭的責任清晰得很，抉擇不難，主恩豐盈。家國觀念與感情毫不含糊；牧養承擔優次鮮明，留下來是必然的事（其實也因為要陪伴老人家）。今天一切都改變：退休人士、無牽無掛的身分，令我毫無必須留下的沉重負擔。可我若留下，我不能不作最壞的打算，假如噤聲不是一項選擇，我們「留下不走的人」首要的準備似乎是「身分界定」，自知安身立命的基礎。「天國子民」、「香港人」於我先於一切，失去二者，即喪失自我。天國價值與普世價值不盡相同，卻仍較諸其他價值更得我的認同。唯有這樣，此家此城才得保持其可貴的特質。

理論與思辨必須成為留港信徒急切補充的一處空白。可惜我們也許已習慣不去思考，日後甚至不敢思考。

至於教會方面，九七前最壞的打算可能真可派上用場，除非只求「河蟹」自保。當年不少教會兩手準備，可大可小，全民祭司；有牧無牧，全民皆牧；有堂無堂，家即是堂；恩賜配搭，愛心互助……結果「成績斐然」，卻又沒有經歷打壓，更加養尊處優，甚至有享受「收成期」的感覺。此際令人不安的立法出台前夕，實在有必要去蕪存菁，再次重整隊形。

可我懷疑毒害／麻醉教會最深的，可能是「政教分離」、「純涉靈性」的避世敬虔自我隔絕主義，以致過去六年，教會內部未起波瀾，只有暗流，至今未變。再者，九七前的勇氣已被大國崛起的氣勢迷倒或者壓下去，半推半就自願漠視危機，啞口無言。重拾道德良知，在內開口對口，彼此溝通辯論，一同上課、一同讀書（並非不着邊際的查經再查經、以經解經再解經）、彼此聆聽，一同成長，打破不健康的緘默，教會才有信息向當代人發出。在這些方面，好友馬保羅的著作甚值得參考。

站在講台上的人必須學習絕對忠於上主，不徇情面的宣講。〈香港2020福音宣言〉、《佇候榮光：羅馬書品讀》（孫寶玲著，香港：德慧文化，2020）、《賴特説啟示錄》（賴特著，陳恩明譯，香港：宣道，2019）、邢福增著作等，都是必讀的。這一切旨在定義教會、溫習歷史、針砭時弊，好叫我們能在壓力下不至走樣變調，存着盼望活出見證。黎明榮光之前，必有黑暗，但忠於基督的兒女們，總會成為暗世明燈。

2020年6月19日

7/ 神的道——極端社會的極端信息

捷克前總統哈維爾說，「被巨石壓住，雖動彈不得，卻可專注思考。」當時捷克未得自由。我們首要的也是靜心思考：何謂講道？為誰講？向誰講？如何講？何時講？其實，昨天怎樣講道，明天大概也一樣。

講道者的生命見證比一切更重要。「在極端的社會環境內」，我們的宣講捉襟見肘、貧乏蒼白；「在極權統治下的世界裏」，我們的宣講可能囁嚅委婉、歌功頌德。「這樣的職事，誰能承當呢？」可能是最正常的反應，但我們毋須絕望，因為呼召我們的一位是信實可靠的，祂的恩典是綽有餘裕。

實際一點說，我們不是萬能博士，千萬別扮專家，什麼題目都瞎謅一番，也毋須畫地自限迴避一切政治議題。我們唯一的職能就是作先知講道、作流通的管子，「不知道別的，只知道耶穌」，坦然無懼宣告悔改赦罪之道，迎接主再來。

老套吧？一點也不。

奉差遣，毋畏毋懼，不偏不倚，不屈不撓。
奉差遣，不在乎人喜歡聽的，乃在乎人需要聽的。
奉差遣，不在乎個人福祉安危，只在乎天家銘記。

先知、耶穌、使徒、保羅等是講道的典範和傳統，不可偏離，不假外求。我想起三句有助我們忠心宣講的話：「與素常一樣」、「不能不說」、「放膽開口」。我們不需要忽然關注政治或環保，只需要恆常重視上主的旨意；我們堅持高舉基督，誰也封殺不掉祂的見證；我們沒有附帶角色，也沒有惹人詬病的問題，只有光明磊落的事奉。

歸根究柢，道乃是成了肉身來到世界的一位，祂來了，還要再來，我們只是為祂作見證而已。祂顯明了恩典，也堅定了真理；帶來赦免，也宣告了審判。是非黑白、光明黑暗絕不相混。萬有本於祂、倚靠祂、歸於祂。祂是我的信息，我的詩歌，我的一切。

「極端的社會」需要「極端的信息」，不是和稀泥的「平平安安、幸幸福福、富富貴貴、和和諧諧」，沒有代價，沒有審判，沒有公義的信息（參提後三 1-4、四 1-5）。至於最具爭議的，可能是「宗教人士的『政治言論』不宜在禮拜堂出現」的論調。這話如同靈丹妙藥（某些人認為），令教會重回正軌？還是有如鴉片魔咒（某些人認為），令教會全廢武功？

二元論姑且不談，到底我們可以怎樣？當一份福音宣言[1]也引起圍剿，恆常主日講道還可以安然無恙麼？也許我們也要學習講比喻，講啟示文學；也許更重要的是給予教會羣體更多空間去探討「具體處理的良方」，但比這些更優先的，還是重新認識《聖經》的真理，去蕪存菁，掌握重點，讓上主全然彰顯榮耀，叫人在祂面前全然仆倒，俯伏敬拜，知道「至高者在人的國中掌權，要將國賜與誰就賜與誰」(但四 17)。

與退休神學教授傾談，不約而同感慨香港教會前境艱難，為着在職教牧倍覺憂傷。我們雖無樞機之輩訓示當下的講道走勢，卻早已有猛人指點江山，又有會友用腳投票，一點也不容易。在極端分歧、動輒得咎、以言入罪的氛圍之下，還可以怎樣講道牧養呢？走筆至此，不禁向後輩的同工們致意打氣，也呼籲大家代禱守望，使他們不負所託，為主盡忠。

各位宣講聖言的同工，願你所作的正如經文所言：「報好信息給錫安的啊，你要登高山；報好信息給耶路撒冷的啊，你要極力揚聲。揚聲不要懼怕，對猶大的城邑說：看哪，你們的神」(賽四十 9)。

2020 年 9 月 11 日

1 指「香港教牧網絡」發表的《香港 2020 福音宣言》，遭《大公報》、《文匯報》批評涉嫌違反《港區國安法》。

8/ 靜默很難

有人以為市面平靜等於一切正常，但事實又如何呢？會否表面愈靜，裏面反而愈翻騰呢？被壓抑而無聲固然不好，但在這千變萬化的網上世界，要靜下來真不容易。只要一次洗版，人人起哄，吵個不停，叫人應接不暇，透不過氣來。能靜確是一種福氣。網絡世代，靜幾乎是奢侈品。

靈性操練，思考成熟的一個要訣正是靜。快聽慢説，雅各提醒我們。內心閑靜，彼得叮囑女士們。學習閉口，保羅也説。學習成為默觀者更是一種理想。想起葛培理説過，如果可以從頭再來，寧可多一些潛修，少一些講道。安靜不語其實不難。嘴巴閉上，舌頭勒住，不就成了？可我們的腦袋仍然活躍非常，充滿着千言萬語，蠢蠢欲動，一觸即發。原來我們時常處於兩難之間。

然而靜又不等於啞口無言，凡事置身事外。

「牧師，何必發聲？」信徒、長輩習慣這樣提醒，我也嘗試反省。這真是我們的優秀傳統啊，但假如凡事緘默，什麼時候才發聲？屆時又能否發聲？久已廢置的官能，真的可以臨急爆發小宇宙麼？「純粹為信仰、單單為耶穌」而開腔，其實是怎樣的呢？一片死寂的教會真的是和諧合一的象徵麼？

平日習慣啞口不言，在關鍵時刻也會有口無言。有人揶揄這樣的做法叫「保存實力到永生」。

於是，我反問，「牧師們，豈能保持緘默，為什麼可以不作聲？」結果，我陪着年輕輩牧者們聯署發聲，希望可以產生良好的作用，防止情況惡化，免教會和社會陷入不拔之地。率直表達良心的聲音成為我的選擇。

回想過去一年多的發聲以及所表達的觀點，基本上沒什麼遺憾，至於有什麼作用就不得而知，倒是覺得未必處處用譴責，可以考慮用其他詞語，例如「呼籲」、「關注」、「聲明」。

2020 年 12 月 24 日

9／在對抗與逃避之外

面對恐懼，一般做法是對抗或逃避，二擇其一。但否認逃避、鴕鳥藏沙，永遠沒有出路；對抗者也不一定有什麼好收場。如何是好？

當恐懼如烏雲壓頂時，教會羣體又當如何？先知如何向那些心也消化的百姓傳遞上主的信息？《聖經》我們是熟悉的，要落實在今天的社會環境又作別論。

先父母都是教會執事，都曾面對恐懼，那種莫名的恐懼。他們在五十年代中期已經來港，但恐懼相伴一生，連說話也要小心翼翼，只敢用代號稱呼相關權勢。怕事慎言，成為那一代的特徵甚至是敬虔的標誌。

我明白，但不同意，更不能忍受這種情緒禍延後世。其實「毋畏毋懼」更加符合信仰精神，敬畏上主的結果必然叫人剛強壯膽，絕非藏頭露尾，滑不溜手，息事寧人，對惡事惡行視若無睹。我們的恐懼除了「世襲」之外，有時夾雜了民族劣根性以及信仰離地化。前者談明哲保身，各家自掃門前雪；後者專注靈修來生，甚至將耶穌繪畫為從來不吭一聲的好好先生。

我們今日有必要重溫勇敢的信仰傳統，否則只會隨流失去，變了質，失了味也不自知，甚至仍然沾沾自喜。

貫穿《聖經》的「不要怕只要信」、「剛強壯膽不要懼怕」，理應引導着人生所有的領域，斷不能被規範在純宗教的事務上。上主子民需要有勇氣面對一切的恐懼，否則難以在一切領域彰顯主的榮耀。初期教會給世人的印象是勇敢，我們又如何？這是必須深深反思的。

使徒們的勇氣源於聖靈與主耶穌的教導，這也是今日教會可共享的。他們的耳畔永不缺少主的聲音，囑咐他們該怕與不該怕的，也不缺主同在的承諾。貪生怕死從來不是使徒的承傳，死後的恐懼能叫人驅除此生的懼怕。

説到底，誰能免於恐懼呢？然而，靠着那跪禱於客西馬尼園、身懸各各他十架的主，我們可以有出路，在對抗（fight）與逃避（flight）之外去作正確（right）的事，光明正大，磊落放膽，是其是非其非地忠於上主，作光作鹽，對這世界呼喊：「別怕，看哪，主已作王！順從神的人，要剛強壯膽，起來發光！」

2020 年 11 月 27 日

延伸閱讀

《褪色的天國子民》

「教會羣體（天國子民）的使命，除了要將耶穌基督的福音廣傳，同時也要承傳並踐行天國的價值觀。又或者更確切地說，教會是要藉着見證並踐行天國的價值觀，向世界傳揚耶穌基督的福音；而透過認識並實踐這價值觀，讓世人知道什麼是黑暗，什麼是光明，藉耶穌的愛，勝過世上種種罪惡為人帶來的桎梏。」

——陳競存（突破機構事工研究及發展部經理）

《行在地上的天國子民》

「耶穌沒有說過，把涼水給別人，然後他就能永遠幸福快樂；而是當你把涼水給別人，你就能踐行天國的價值。故此，面對香港的前途，我們也許不知道能做什麼，或者同樣感到很乏力。但是上帝鑒察的，不是最後的結果；祂是察看你今天是否朝着天國價值的理想、價值觀這個方向走上去，而這本身就是一種價值。」

——張祥志（香港神學院聖經科專任講師）

《誰是我的鄰舍 —— 天國子民愛鄰舍的信仰踐行》

「讓我們心存謙卑，承認對貧窮弱勢一無所知，親身進入街頭，聆聽每個生命故事，結識每個有上帝形象的人，認清他們的面孔，甚至去擁抱他們 —— 愛就是如此煉成。」

—— 孔維樂（地區報《油樂園》創辦人）

《廢掉冤仇・尋求和睦 —— 天國子民復和的信仰踐行》

「耶穌基督的道路，既不是依附強權默許制度暴力之路，也不是流血革命以暴易暴之路，耶穌的路是以受苦犧牲的愛，達成真正和平與公義的路。從第 1 世紀到現在，無數追隨耶穌的信徒走上了這條十字架道路，被嘲笑、侮辱、傷害，甚至被迫付出生命，走這條路需要莫大的勇氣，需要無條件的付出與犧牲。」

—— 劉進圖（《明報》前總編輯，現為世華網絡營運總裁）

本書文章原刊於《時代論壇》，承蒙答允轉載，特此鳴謝。